POLYGLOTT on tour

Kroatien

Der Autor
Friedrich Köthe

Unser E-Book-Code zur elektronischen Erweiterung des POLYGLOTT on tour. Das kostenlose E-Book enthält die im Reiseführer aufgeführten Adressen entlang der Touren, beispielsweise zu Essen und Trinken, Shoppen, Aktivitäten und Hotel-Tipps. Links auf einen externen Kartendienst vereinfachen das Auffinden dieser Adressen.

**Mit großer Faltkarte
& 80 Stickern
für die individuelle Planung**

www.polyglott.de

SPECIALS

24	Von Marina zu Marina
30	Unterwegs mit Kindern
35	Zu Besuch beim Leuchtturmwärter
43	Fabellandschaft Karst
142	Nachtleben in Zagreb

ERSTKLASSIG!

32	Die spannendsten Aktivitäten
34	Charmehotels
47	Gratis entdecken
48	Die besten Restaurants
49	Die schönsten Märkte

ALLGEMEINE KARTEN

4	Übersichtskarte der Kapitel
38	Die Lage Kroatiens

REGIONEN-KARTEN

54	Istrien und Kvarner
79	Norddalmatien
106	Süddalmatien
133	Mittelkroatien

STADTPLÄNE

87	Zadar
98	Split
125	Dubrovnik
137	Zagreb

6 Typisch

8	Kroatien ist eine Reise wert!
11	Reisebarometer
12	50 Dinge, die Sie …
19	Was steckt dahinter?
159	Meine Entdeckungen
160	Checkliste Kroatien

20 Reiseplanung & Adressen

22	Die Reiseregion im Überblick
26	Klima & Reisezeit
27	Anreise
28	Reisen im Land
31	Sport & Aktivitäten
33	Unterkunft
152	Infos von A–Z
155	Register & Impressum

36 Land & Leute

38	Steckbrief
40	Geschichte im Überblick
41	Natur & Umwelt
44	Kunst & Kultur
47	Feste & Veranstaltungen
48	Essen & Trinken
49	Shopping
158	Mini-Dolmetscher

SYMBOLE ALLGEMEIN

Erstklassig !	Besondere Tipps der Autoren
SPECIAL	Specials zu besonderen Aktivitäten und Erlebnissen
SEITENBLICK	Spannende Anekdoten zum Reiseziel
	Top-Highlights und Highlights der Destination

50 Top-Touren & Sehenswertes

52 Istrien und Kvarner Bucht
55 Tour ① Weinberge und Wehrstädtchen
56 Tour ② Auf venezianischen Spuren
57 Unterwegs in Istrien und an der Kvarner Bucht

76 Norddalmatien
77 Tour ③ Von Biograd auf die Inseln
80 Tour ④ Von Split nach Vis und Biševo
81 Unterwegs in Norddalmatien

103 Süddalmatien
104 Tour ⑤ Karst und Küste
105 Tour ⑥ Winzer und Austern
108 Tour ⑦ Dalmatinische Karibik
109 Unterwegs in Süddalmatien

131 Mittelkroatien
132 Tour ⑧ Durchs Zagorje nach Varaždin
134 Tour ⑨ Durchs Žumberak nach Karlovac
134 Unterwegs in Mittelkroatien

146 Extra-Touren
147 Tour ⑩ Zwei Wochen im Zeichen von Ziege, Löwe und Adler
149 Tour ⑪ Die Höhepunkte Dalmatiens in eineinhalb Wochen

	TOUR-SYMBOLE		**PREIS-SYMBOLE**	
①	Die POLYGLOTT-Touren		Hotel DZ	Restaurant
6	Stationen einer Tour	€	bis 45 EUR	bis 20 EUR
①	Hinweis auf 50 Dinge	€€	45 bis 90 EUR	20 bis 40 EUR
[A1]	Die Koordinate verweist auf die Platzierung in der Faltkarte	€€€	über 90 EUR	über 40 EUR
[a1]	Platzierung Rückseite Faltkarte			

Perfekte Planung – Parallel Klappe vorne links aufschlagen

Touren-Start

Top 12 Highlights

1. Euphrasius-Basilika, Poreč › S. 57
2. Amphitheater (Arena), Pula › S. 61
3. Die k.-u.-k.-Riviera › S. 64
4. Insel Krk › S. 71
5. NP Plitwitzer Seen › S. 82
6. NP Kornaten › S. 90
7. Jakobskathedrale, Šibenik › S. 92
8. Diokletian-Palast, Split › S. 96
9. Insel Korčula › S. 119
10. Altstadt und Festung, Dubrovnik › S. 123
11. NP Mljet › S. 128
12. Altstadt, Zagreb › S. 134

Zeichenerklärung der Karten

- ☐ beschriebene Region (Seite=Kapitelanfang)
- 10 E h Sehenswürdigkeiten
- 4 Tourenvorschlag
- Autobahn
- Schnellstraße
- Hauptstraße
- sonstige Straßen
- Fußgängerzone
- Eisenbahn
- Staatsgrenze
- Landesgrenze
- Nationalparkgrenze

Zauberhafte Badebuchten, wie hier bei Brela, locken seit Jahrzehnten an Dalmatiens Küste

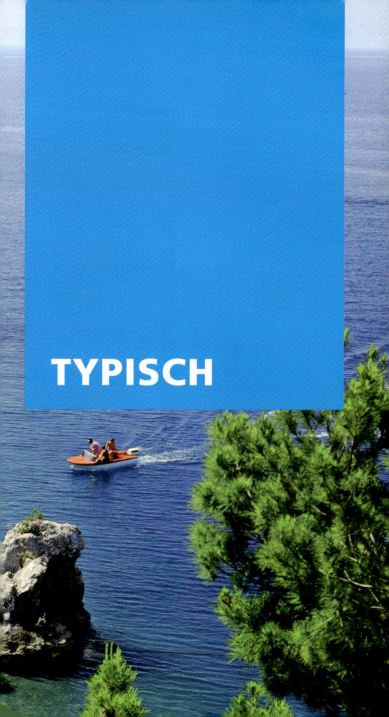

TYPISCH

Kroatien ist eine Reise wert!

Eine Küste mit über tausend Inseln, schroffe Gebirgszüge, einsame Badebuchten und fantastische Tauchreviere, schicke Hafenmetropolen und eine quirlige Hauptstadt: Kroatien ist das ideale Reiseziel für Aktivurlauber – sowie für Liebhaber von Kunst, Kultur und Mittelmeerküche.

Der Autor **Friedrich Köthe,** Münchner Reisejournalist und Soziologe, bereist Kroatien seit seiner Studienzeit. Vor allem die Küstenlandschaft mit ihrer Inselwelt fasziniert ihn jedes Mal aufs Neue. Als passioniertem Wanderer haben es ihm auch die unberührten Landschaften des Velebit-Gebirges und der Paklenica-Schluchten angetan. Und natürlich das glasklare Meer, das so sauber ist wie nirgendwo sonst in Europa – davon ist er überzeugt.

Meine erste Reise nach Kroatien, damals noch Teil der sozialistischen Republik Jugoslawien, unternahm ich zu Beginn meines Studiums. Mit einer Fähre fuhr ich von Rijeka die dalmatinische Küste entlang nach Süden mit Ziel Griechenland. Abends rollte ich meinen Schlafsack auf dem Deck aus und ließ mich vom Stampfen der Motoren in den Schlaf lullen. Irgendwann wachte ich auf und fand mich inmitten einer vom Vollmond beschienenen, fast unwirklichen Küstenlandschaft, in der die Grenzen zwischen Land und Meer nicht mehr zu erkennen

Sie zählt zu den zauberhaftesten Inseln Kroatiens: Korčula

Kroatien ist eine Reise wert!

Die glatt abgeschliffenen Felsinseln faszinieren mich immer wieder

Kroatien ist ein vielseitiges Land mit sehr unterschiedlichen kulturellen Einflüssen. In Mittelkroatien habe ich oft das Gefühl, jeden Augenblick führe Kaiser Franz Joseph in einer Kutsche vor. Österreich-Ungarn hat diesem Teil architektonisch, kulturell und kulinarisch einiges hinterlassen. Ähnlich geht es mir in Opatija und Lovran an der Kvarner Bucht. Dorthin reiste der Wiener Adel zur Kur, und die restaurierten Villen und Palasthotels lassen erahnen, wie prunkvoll das Leben hier zur Wende vom 19. zum 20. Jh. war. Die restliche Küste von Savudrija im Norden bis Molunat im Süden steht hingegen ganz im Zeichen Venedigs. Manches Küstenstädtchen wirkt wie eine Miniaturausgabe der Serenissima, und nicht selten wird ebenso gut Italienisch wie Kroatisch parliert. Auch die Küche nimmt sich Italien zum Vorbild, würzt allerdings mit kroatischem Temperament.

waren. Mit jeder Stunde weiter nach Süden wurden die Ausblicke auf kahl geschliffene Inselrücken, auf Eilande, die kaum größer waren als ein Fußballfeld, auf mit Weinreben bestandene Halbinseln und winzige venezianische Hafenstädtchen faszinierender. Delfine lieferten sich Wettrennen im glasklaren Wasser, Traumbuchten tauchten auf, Segelboote trieben mit dem Wind. Griechenland war vergessen; ich stieg in Korčula aus.

Die Fahrt mit einer Fähre wiederhole ich jedes Mal, wenn ich nach Kroatien reise. Erst wenn ich die Seeluft rieche, der vorbeiziehende Inseln Aromawolken von Lavendel, Salbei oder Rosmarin beimischen, fühle ich mich richtig angekommen. Ein paar Tage am Meer, dann bin ich bereit für Entdeckungstouren in andere Landesteile, die mich inzwischen ebenso wie die Küste immer wieder überraschen und in ihren Bann ziehen.

Mein Lieblingsplatz ist dieses Café vor Dubrovniks Stadtmauer

Kroatien ist eine Reise wert!

Wenn ich Olivenöl kaufe, dann meist das Bio-Öl von Oma Jola's

Salz und Öl sind neben fangfrischem Fisch, im eigenen Garten angebautem Salat und Gemüse sowie Fleisch von »glücklichen Tieren« die Basis der kroatischen Küstenküche, die mit ihrer Kreativität Gourmets begeistert. Einer einfachen *fritaja*, einem Rührei, mit frischem wildem Spargel und Trüffel, wie sie istrische Hausfrauen servieren, kann kein Meisterkoch das Wasser reichen. Nun ja, vielleicht doch – Scampi aus dem Kvarner Golf, die sich unter den geschickten Händen von Danijel Dekić im Rovinjer Restaurant Monte in ein Semicrudo mit einer Emulsion von Seeigel, grünem Apfel und Bauchspeck verwandeln, sind eine ernstzunehmende Konkurrenz. Im Inland hingegen schmeckt es etwas bäuerlicher, kommen Puter und hausgemachte Teigwaren auf den Tisch. Den süßen, mit Nüssen und Quark gefüllten *štrukli* kann wohl niemand widerstehen!

Auch in puncto Kunst und Architektur hat Kroatien seinen Besuchern viel zu bieten. Man denke nur an die strahlenden byzantinischen Mosaiken in der Euphrasius-Basilika von Poreč, die atemberaubende Renaissancepracht der Kathedrale von Šibenik, die mittelalterlichen Kirchenfresken von Beram, den römischen Kaiserpalast von Split oder gar das Gesamtkunstwerk Dubrovnik! Kroatien ist unermesslich reich an Kunstschätzen, nehmen Sie sich bei allem Freizeit- und Genussangebot auch dafür Zeit!

Apropos Freizeit – nirgendwo genieße ich es so sehr zu schwimmen und zu schnorcheln wie in Kroatien. Man sieht viele Meter tief bis zum Grund auf eine artenreiche Unterwasserwelt. In Begleitung erfahrener Guides ertauche ich auch gern gesunkene Wracks. Manchmal wandere ich durch die Wildnis des Velebit-Nationalparks oder paddle in einem Seekajak auf den Elaphitischen Inseln von Bucht zu Bucht. Abends wird überall gefeiert: in den schicken Klubs von Zagreb ebenso wie in den Beachlounges von Hvar, am Party-Strand von Pag oder in den Altstadtbars von Dubrovnik. Und wenn mir der Sinn nach ruhigerer Unterhaltung steht, genieße ich klassische Konzerte in der Kulisse mittelalterlicher Klöster oder barocker Paläste.

Wo anfangen angesichts des riesigen Angebots – Sie haben nun die Qual der Wahl! Oder Sie machen's wie ich, nehmen eine Fähre und steigen aus, wo Kroatien Ihnen zuruft: *dobrodošli,* willkommen!

Reisebarometer

Was macht Kroatien so besonders? Eine faszinierende Inselwelt, atemberaubende Naturlandschaften, zauberhafte historische Städte und die abwechslungsreiche Küche: Kroatien begeistert Bade-, Aktivurlauber und Kulturfreunde gleichermaßen.

Abwechslungsreiche Landschaft
Küste, Gebirge und das bäuerliche Mittelkroatien

Kunst und Kultur
Antike Spuren, Architektur, Museen und viele Festivals

Kulinarische Vielfalt
An der Küste raffinierte Gaben des Meeres, im Hinterland bäuerliche Traditionen

Spaß und Abwechslung für Kinder
Wenige Freizeitparks, dafür das Abenteuer Felsenküste und Meer. Mit Netz und Käscher wird jedes Kind glücklich.

Shoppingangebot
Olivenöl, Wein, Käse ... – und schicke kroatische Mode

Abenteuer und Entdecken
Rafting auf Flüssen, Bike-Challenge, Höhlenerkundung

Auswahl sportlicher Aktivitäten
Unendlich: ob zu Fuß, per Rad, auf, über oder im Wasser

Geeignet für Strandurlaub
Ideal, wenn man Fels und Kies mag; Sandstrände sind rar

Tanzen bis in den frühen Morgen
Partystrände, Beachlounges und Diskotheken locken

Preis-Leistungs-Verhältnis
Hoher Komfort und Qualität haben ihren Preis

● = gut   ●●●●●● = übertrifft alle Erwartungen

50 Dinge, die Sie ...

Hier wird entdeckt, probiert, gestaunt, Urlaubserinnerungen werden gesammelt und Fettnäpfe clever umgangen. Diese Tipps machen Lust auf mehr und lassen Sie die ganz typischen Seiten erleben. Viel Spaß dabei!

... erleben sollten

(1) **Ab in die Unterwelt** Zu Fuß durch die Höhle Baredine bei Poreč › S. 57. In der Dunkelheit warten bizarre Tropfsteine und der blinde Grottenmolch (Nova Vas, Poreč, www.baredine.com, April, Okt. 10 bis 16, Mai, Juni, Sept. 10–17, Juli, Aug. 10–18 Uhr, 70 Kn).

(2) **Nervenkitzel** An einem Drahtseil in 100 m Höhe über der Paziner Schlucht › S. 62 zu schweben, erfordert Mut! Doch der Ausblick auf die bizarren Karsthöhlen aus der Vogelperspektive lohnt (Zip-Line, Šime Kurelića 4, Hotel Lovac, ab 80 Kn).

(3) **Am tosenden Wasserfall** von Skradinski Buk zu baden, ist ein ultimatives Erlebnis. Wer schon morgens um 8 Uhr an den Krka-Wasserfällen › S. 93 ins kühle Wasser taucht, hat die paradiesische Landschaft meist ganz für sich allein.

(4) **Auf Grenzposten** Steil klettern die Festungsmauern von Ston › S. 117 bergauf und bergab. Für den zweistündigen Rundgang brauchen Sie ausreichend Wasser und Kondition und genießen dafür vom höchsten Punkt ein Traumpanorama auf Mali Ston und Meer.

(5) **Buchten-Hopping** Robinson-Feeling gefällig? Lopud › S. 130 eignet sich bestens fürs Seakayaking, denn die Elaphiten-Insel lässt sich bequem umrunden und lockt mit unberührten Buchten. Kajaks verleiht Lafodia Travel (Obala Iva Kuljevana 35, Lopud, 60 Kn/Std.).

(6) **Abtauchen** Antike Schiffswracks sowie die im »Unterwassermuseum« unter einem Käfig gesicherte Amphorenfracht vor Cavtat › S. 128 sind ein spannendes Ziel für Taucher (Epidaurum Diving & Water Sports Center, www.epidaurum.com, Tauchgang um 45 €).

(7) **Rausch der Geschwindigkeit** Ein Top Spot für Windsurf-Profis: die Wasserstraße zwischen Korčula und Orebić › S. 118 auf Pelješac. Vor allem bei Maestral, der verlässlich ab Mittag mit 4–6 Bft bläst, geht es zur Sache (Brett ab 15 €, www.windsurfing-kitesurfing-viganj.com).

(8) **»Unter Geiern«** Welch eine Kulisse für Winnetou und Blutsbruder Old Shatterhand! Neun Tafeln weisen auf Drehorte der Winnetou-Filme hin – bei der dreistündigen Wanderung durch die Schlucht Velika Paklenica › S. 83 bis zur Höhle Manita Peč.

50 Dinge, die Sie …

Kein alltägliches Vergnügen ist das Baden vor den imposanten Krka-Wasserfällen

⑨ Getrieben von der Strömung Helm auf und rein ins Gummiboot: Rafting auf der rasant durch ihren Canyon rauschenden Cetina › **S. 111** zwischen Penšići und Omiš bringt drei Stunden Adrenalin pur (Kentona Rafting, Omiš, www.rafting-cetina.com, im Sommer tgl. 9 und 14 Uhr, 240 Kn pro Person und Fahrt).

⑩ Biken an der Mreznica Huck Finn bietet im Sommer halbtägige Radtouren durch die Flusslandschaft bei Karlovac › **S. 144** an – inkl. Badestopps und Vogelbeobachtung (www.huckfinncroatia.com, Di, Do, So, 10 Uhr, 28 € inkl. Leihrad).

… probieren sollten

⑪ Spargel aus dem Wald Wenn im April und Mai die dunkelgrünen Triebe aus den sandigen Waldböden Istriens schießen, wird der wilde Spargel in Grožnjans Konoba Bastia › **S. 58** als *fritaja* mit Ei und Trüffel serviert. Ein Genuss!

⑫ Muscheln im Teigmantel Austern aus Ston sind eine Delikatesse, doch nicht jeder mag rohe Meeresfrüchte. In Dubrovniks › **S. 122** netter Sushi-Bar Bota werden sie mit Tempurateig umhüllt. So schmecken sie auch Skeptikern (Od Pustijerne bb, www.bota-sare.hr).

⑬ Gemüsesuppe – mit Seemannsgarn Was macht eine typische *maneštra* aus? Viel Gemüse, Pasta, sämige Konsistenz und ein Kanten Weißbrot. So unverfälscht kommt sie in Rijekas Taverna Mornar › **S. 66** auf den Tisch – alles andere würden die Hafenarbeiter verschmähen.

⑭ Das harte Brot der Ordensfrauen Wenn Nonnen Plätzchen backen, kommt etwas ganz Besonderes dabei heraus. Die *Paški baškotini* aus dem Benediktinerkloster in Pag › **S. 81** sind eine Art Zwieback, der gut zu Süßem wie Salzigem schmeckt. Zu kaufen ist er nur im Kloster (Samostan Sv. Margarite, Trg Kralja Krešimira).

Der Wolfsbarsch ist auch ein Augenschmaus

(15) Die Aromen von Pag Salz, Kräuter, Olivenöl, so die Zauberformel, mit der sich auf Pag einfache Gerichte in kulinarische Sensationen verwandeln: z. B. der Wolfsbarsch im Bistro na Tale › **S. 81**.

(16) Köstliches unter der Glocke Die Peka – meist wird in der schweren Eisenpfanne unter einer gusseisernen Glocke auf der Glut zartes Lamm zubereitet. Küchenchef Jakov vom Kaštil Gospodnetić › **S. 110** auf Brač füllt sie mit Tintenfisch, den er mit Inselaromen veredelt.

(17) Mittagspause *Iinćuni* (Anchovis), *girice* (winzige frittierte Fischchen), *hobotnica* (Tintenfisch) oder *brudet* (Fischeintopf) gehören zu einer *marenda,* einem preiswerten Mittagessen, dazu. Für 6,50 € werden Sie z. B. in Šibeniks › **S. 91** Lokal Marenda (Nove crkve 9) gut satt– der Name des Lokals ist Programm!

(18) Füße im Sand Wellen umspielen die nackten Füße und auf dem Tisch duften *Škampi na žaru* (Scampi vom Grill) nach Meer und Knoblauch. Dazu ein frischer Salat – das sind die Ingredienzien eines perfekten Inselurlaubs. Die Ribarska kučica in Bol › **S. 110** macht vor, wie's geht.

(19) Bauernschmaus Aus der ländlichen Küche des Zagorje sind sie nicht wegzudenken: *štrukli,* die man entweder gekocht oder gebraten zubereitet. Basis ist ein mit Frischkäse, Ei und Rahm gefüllter Strudelteig. Ungesüßt als Einlage in Suppen oder Beilage zu Pilzgerichten einfach grandios! Unübertroffen sind sie im Lanterna na Dolcu in Zagreb › **S. 134** (Opatovina 31, www.restoran.lanterna-zagreb.com).

(20) Schnaps ist Schnaps Mitnichten! Die Kroaten kennen unzählige Methoden, den Rachenputzer zu veredeln. Mit Rosenblättern etwa wird er in der Region um Skradin angesetzt und *rakija od ruža* genannt. Die Bauern verkaufen ihn auf dem Markt von Šibenik (1 Liter um 6 €, Tržnica, Ul. Ante Starčevića, Mo–Sa 6–13, So bis 11 Uhr). **[D5]**

… bestaunen sollten

(21) Nicht blenden lassen Die Mosaiken in der Porečer Euphrasius-Basilika › **S. 57** sind atemberaubend schön. Doch wesentlich beeindruckender sind die frühchristlichen Exponate im Museum, z. B. das zierliche Mosaikfischchen gleich am Eingang links.

50 Dinge, die Sie …

(22) Das istrische Bethlehem Mit einem kunterbunten »Bilderbuch« hat Meister Vinzenz die Marienkirche bei Beram › **S. 63** bemalt. An der Nordwand reiten die Hl. Drei Könige durch eine typisch istrische Landschaft zum Jesuskind.

(23) Rijekaführung virtuell Rijeka › **S. 66** ist hip, nicht nur in puncto Kneipen. Es führt seine Besucher per kostenloser App durch die Stadt, informativ und in vielen Sprachen (für iPhone und Android, Download über www.visitrijeka.hr).

(24) Jetset-Beachlive Die Sonnenliege ist eher ein riesiges Bett, Loungesounds perlen aus den Boxen, Kellner servieren Drinks, und Pseudo-Promis räkeln sich in der Sonne – man muss ihn mal gesehen haben, den Carpe Diem-Beach auf Marinkovac vor Hvar › **S. 115**.

(25) Mord und Totschlag in Dubrovnik Ein Muss für jeden Fan der TV-Serie »Game of Thrones«: die Dubrovniker Festung Lovrijenac › **S. 122**. Zu ihren Füßen, an der Bucht Blackwater, landen die Schiffe des Königs an, und hinter den wehrhaften Mauern liegt das mystische King's Landing.

(26) Römisches im Verborgenen Kaiserpalast, korinthische Säulen und ägyptische Sphingen sind das römische Erbe Splits. Und die Kassettendecke über dem Baptisterium › **S. 97** – zu Diokletians Zeit überwölbte sie den Jupitertempel.

(27) Eine besondere Laune Gottes Aus Sternen, Tränen und göttlichem Atem schuf er die Kornaten › **S. 90**. Die Fahrt durch den Archipel enthüllt faszinierende Formationen wie die 82 m steil aus dem Meer ragende Felswand von Kolobučar, in der Graufalken nisten.

(28) Im Frühtau zu Wasser Die Plitwitzer Seen im Hochsommer – ein Graus! Aber wer um 7 Uhr morgens am Parktor steht, hat die Seen und Kaskaden zwei Stunden lang ganz für sich alleine › **S. 82**.

(29) In Stein gehauenes Wimmelbild Steinmetze erzählen Menschheitsgeschichte – am Portal der Kathedrale von Trogir › **S. 94** handeln 100 Figuren dicht gedrängt christliche Themen ab, vom Sündenfall bis zur Geburt Christi.

(30) Liebeskummer museal In Zagrebs Museum der Zerbrochenen Beziehungen erzählen Symbole der Trennung, u.a. eine Axt, ein Glaspferdchen, von verflossenen Lieben (Ćirilometodska 2, Zagreb, www.brokenships.com, Sommer tgl. 9 bis 22.30, sonst 9–21 Uhr, 30 Kn). [D2]

… mit nach Hause nehmen sollten

(31) Großmütterchens Öl Jolanta Pavlović aus Savudrija hat es geschafft! Ihr Olivenöl »Oma Jola's« wurde als erste istrische Sorte biozertifiziert, 0,5 l ca. 13 € (Crveni vrh, Savudrija, www.omajolas.com). [A3]

(32) **Trüffeln für Faule** Wozu ganze Trüffeln kaufen und mühevoll frisch halten – Gianfranco Zigante › S. 63 verkauft sie zu intensiv duftender Paste Tartufata verarbeitet, mit der es sich ganz vortrefflich würzen lässt (180 g ca. 17 €).

(33) **Gut gewürzt** Ein Geheimnis der kroatischen Küche heißt Vegeta. Das mit aromatischen Kräutern angereicherte Würzpulver bekommt man in jedem Supermarkt.

(34) **Lavendel, Lavendel** Die herrlich duftenden Lavendelsäckchen gibt es allerorten zu kaufen. Dabei ist Selbstpflücken, z. B. rund um das Dorf Brusje auf der Insel Hvar › S. 114 viel lustiger.

(35) **Blau-weiß gestreift** Die schönen Handtücher des slowenisch-kroatischen Labels Aqua erinnern einen daheim an herrliche Tage am Strand (Korčula, Obala Vinka Paletina 5, www.aquamaritime.hr). [F6]

(36) **Bittersüß** Kandierte Schalen von Bitterorangen, eine jahrhundertealte Dubrovniker Tradition, verkaufen Bäuerinnen auf dem Markt an der Gundulićeva poljana › **S. 126** (Mo–Sa 8–12 Uhr).

(37) **Strandgut kreativ** In den Klüften, Gumpen und Spalten der Felsstrände um Novigrad › S. 58 verbergen sich vom Meer abgeschliffene, bunte Steine, Muschelschalen, Schneckengehäuse … Suchen und Sammeln bringt der ganzen Familie Spaß.

(38) **Wehmütige Weisen** Möchten Sie dalmatinische Stimmung mit nach Hause retten? Dann ist eine CD der beliebten Klapa Intrade das Richtige, möglichst mit dem Dauerhit *Croatio iz duše te ljubim*. Zu kaufen in vielen Souvenirshops oder bei »petit books&gifts« in Pula (Kandlerova 24) › S. 61.

(39) **Salzgärten** Feines, nach uralten Methoden in den Salinen von Pag › S. 81 handwerklich gewonnenes Meersalz ist mineralienreich und gesund. Verkauft wird es in Supermärkten wie Mercator, z. B. in Biograd na Moru (Dr. Franje Tuđmana 82).

(40) **Güldene Hänger** *Rečini* heißen die typischen Ohrringe aus Dubrovnik › S. 122: goldene, filigran gearbeitete Kugeln, die einige Goldschmiede heute noch nach traditionellen Vorbildern herstellen, z. B. Križek (Boškovićeva 2, www.zlata-na-krizek.hr, Ohrringe 400 €).

Düfte der Insel Hvar, im Lavendelsäckchen

50 Dinge, die Sie …

… bleiben lassen sollten

41 Kein Respekt vor dem Wind Wenn die Bora das Meer aufpeitscht, ist keine Zeit für Mutproben. Rein mit dem Boot in den nächsten Hafen und an Land gehen – alles andere wäre lebensgefährlich.

42 Wasser verschwenden: Im Sommer ist Wasser Mangelware; Verschwendung durch endloses Duschen ist rücksichtslos und kostet die Vermieter teures Geld.

43 Bizarre Kulinarik Das Restaurant Johnson in Mošćenice unweit von Lovran › S. 65 wird von Gourmets für eine Spezialität besonders gerühmt: Die Scampi werden lebend serviert. Der Gast reißt den Kopf ab und guten Appetit. Muss das sein?

44 Kriegsgeplänkel Bis heute sind die Wunden des Jugoslawienkriegs nicht verheilt. Über die Rolle Kroatiens in den Auseinandersetzungen spricht man besser nicht, und auch nicht über die des international umstrittenen Nationalhelden Franjo Tuđman.

45 Bedrohte Delikatessen *Datteri* oder *prstaci*, Pfahlbohrmuscheln, stehen unter Naturschutz – angeboten werden sie natürlich trotzdem. Unter der Hand, versteht sich. Lehnen Sie lieber ab!

46 Barfuß ins Meer So verlockend das glasklare Wasser an den

Bei Bora sollte man rasch an Land gehen

Felsstränden glitzert – gehen Sie nicht ohne Badeschuhe hinein. Die tückischen Seeigel warten nur darauf!

47 Im Sommer zündeln Waldbrände vernichten jedes Jahr Teile der Küsten- und Inselflora – eine achtlos weggeworfene Zigarette kann Katastrophen auslösen.

48 Auf der Adria-Magistrale rasen Die früher extrem unfallträchtige Küstenstraße ist zwar zum Teil ausgebaut, aber nach wie vor bilden sich hinter Bussen und Lkw lange Kolonnen. Üben Sie sich in Geduld!

49 Ohne Reservierung auf die Fähre Zumindest im Sommer keine gute Idee – endlose Wartezeiten sind fast immer die Folge.

50 Kirchenbesucher stören Die meisten Kroaten sind sehr fromm. Rücksichtsloses Knipsen, unangemessene Kleidung oder gar laute Gespräche sollten Sie in Gotteshäusern unterlassen.

Die ganze Welt von POLYGLOTT

Mit POLYGLOTT ganz entspannt auf Reisen gehen. Denn bei über 150 Zielen ist der richtige Begleiter sicher dabei. Unter www.polyglott.de können Sie ganz einfach direkt bestellen. GUTE REISE!

Meine Reise, meine APP!

Ob neues Lieblingsrestaurant, der kleine Traumstrand oder ein besonderes Erlebnis: Die kostenfreie App von POLYGLOTT ist Ihre persönliche Reise-App. Damit halten Sie Ihre ganz individuellen Entdeckungen mit Fotos und Adresse fest, verorten sie in einer Karte, machen Anmerkungen und können sie mit anderen teilen.

Kostenloses Navi-E-Book

Unser E-Book-Code zur elektronischen Erweiterung des POLYGLOTT on tour. Das kostenlose E-Book enthält die im Reiseführer aufgeführten Adressen entlang der Touren, beispielsweise zu Essen und Trinken, Shoppen, Aktivitäten und Hotel-Tipps. Links auf einen externen Kartendienst vereinfachen das Auffinden dieser Adressen.

Geführte Tour gefällig?

Wie wäre es mit einer spannenden Stadtrundfahrt, einer auf Ihre Wünsche abgestimmten Führung, Tickets für Sehenswürdigkeiten ohne Warteschlange oder einem Flughafentransfer?
Buchen Sie auf **www.polyglott.de/tourbuchung** mit rent-a-guide bei einem der deutschsprachigen Guides und Anbieter weltweit vor Ort.

www.polyglott.de

Besuchen Sie uns auch auf facebook.

Was steckt dahinter?

Die kleinen Geheimnisse sind oftmals die spannendsten. Wir erzählen die Geschichten hinter den Kulissen und lüften für Sie den Vorhang.

Warum gibt es in den Tourist-Infos Krawatten zu kaufen?

Weil die Kroaten die Krawatte erfunden haben! Besser gesagt, sie haben den Binder schick geknotet als Teil der Armeeuniform getragen. Als Ludwig XIV. 1663 ein kroatisches Regiment mit diesem Binder sah, verordnete der modebewusste König das schicke Styling seinem Hofstaat, und aus *à la croate,* auf kroatische Art, wurde die Krawatte.

Warum glänzt Grgur Ninskis Zeh?

Die 10 m hohe Kolossalstatue des kroatischen Bischofs Grgur Ninski in Split › **S. 95**, der im 10. Jh. viel für die Verbreitung des Christentums in Kroatien getan hat, bringt angeblich Glück, wenn man den rechten großen Zeh berührt. Außerdem, so heißt es, werde man dann eines Tages nach Split zurückkehren! Zu finden ist die auffällige Statue mit ihrem blank polierten Zeh, die von dem bekannten kroatischen Bildhauer Ivan Meštrović gefertigt wurde, vor dem Nordtor des Diokletianpalastes, der Porta Aurea.

Warum gibt es ein Marco-Polo-Haus auf Korčula?

Zwei Hinweise lassen die Kroaten vermuten, Marco Polo sei einer der ihren gewesen: Erstens wurde er 1228 nicht weit von Korčula bei der Seeschlacht von Curzola von den Genuesern gefangengenommen, und zweitens ist der Nachname Polo auf Korčula weitverbreitet. Flugs wurde ein mittelalterliches Anwesen in Korčula-Stadt zum Marco-Polo-Haus erklärt. Ob der Asienreisende aber wirklich darin lebte, ist bis heute umstritten.

Was bedeutet *bog*?

Im Alltag soviel wie hallo, tschüss, servus … zugleich aber auch Gott. Die Lieblingsbegrüßung und -verabschiedung von guten Bekannten oder Freunden ist eine verkürzte Fassung des Grußes *z bogom* oder *idi sa bogom,* was soviel bedeutet wie »geh mit Gott«.

Warum steht *boškarin*-Fleisch so selten auf der Speisekarte?

Die autochthone, istrische Rinderrasse *boškarin* galt Mitte des 20. Jhs. als ausgestorben. Die Dienste des sehr kräftigen und ausdauernden Rindes mit den langen Hörnern wurden einfach nicht mehr gebraucht. Dann entdeckten Gourmetköche den besonderen, leicht an Wild erinnernden Geschmack des Fleisches, und ein *boškarin*-Boom war die Folge. Doch nur Köche, die einen speziellen Kurs absolviert haben, dürfen *boškarin* zubereiten; deshalb ist es auf Speisekarten nur selten zu finden.

Pittoreske Küstenstädtchen vor imposanter Kulisse – kein seltener Anblick in Kroatien

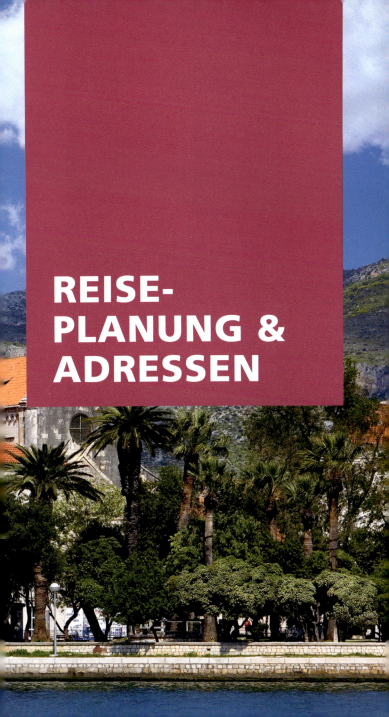

REISE-PLANUNG & ADRESSEN

Die Reiseregion im Überblick

Kroatien blickt auf eine lange touristische Tradition zurück. Kein Wunder, angesichts der reizvollen Vielfalt an Natur und Kultur zwischen Küste und Karst, Römern und k. u. k.

Dieses landschaftliche Kontrastprogramm spiegelt sich auch in den Reiseregionen wider, beginnend im Norden mit **Istrien** und der **Kvarner Bucht**. Die Halbinsel Istrien lockt mit dem reizvollen Kontrast zwischen mediterraner Küstenlandschaft, gesäumt von venezianischen Städtchen sowie Kies- und Felsstränden, und dem bäuerlich geprägten Hinterland, in dem Oliven und Weinreben reifen und die historischen Siedlungen wehrhaft auf Hügeln thronen. Die südöstlich anschließende Kvarner Bucht um das ehemalige k.-u.-k.-Kurbad Opatija ist mit mildem Klima gesegnet. Das kommt auch den Inseln Cres, Lošinj, Krk und Rab zugute, die zu den beliebtesten Urlaubszielen Kroatiens zählen.

In **Norddalmatien** zwischen Senj und Split verschwimmen die Unterschiede zwischen Festland, Meer und Inseln. Langgestreckt und schmal begleiten Pag und Dugi Otok die Küste, die das Velebit-Gebirge beherrscht und vor kalten Winden schützt. Mehrere Nationalparks laden Aktivsportler ein, wie Paklenica und Plitvice zum Wandern, Klettern oder Kanufahren, das Kornaten-Archipel zum Tauchen und Segeln. Ein Kunst-Feuerwerk von Romanik bis Renaissance entzünden die Städte Zadar, Trogir und Šibenik; auf römischem Pflaster wandeln Sie in Split.

Das Zusammenspiel von tiefblauer Adria, hellgrauen Karstfelsen und den bunten Tupfen von Macchia, Lavendel und Weinreben prägt auch die Küste **Süddalmatiens**. Auf der Insel Brač erwartet der wohl berühmteste Strand Kroatiens, das »Goldene Horn«, Badende und Sur-

---

Daran gedacht?

Einfach abhaken und entspannt abreisen

- [ ] **Fahrzeugschein / Grüne Versicherungskarte**
- [ ] **Personalausweis**
- [ ] **Flug- / Bahntickets**
- [ ] **Führerschein** (Leihwagen)
- [ ] **Badeschuhe**
- [ ] **Babysitter für Pflanzen und Tiere organisiert**
- [ ] **Zeitungsabo umleiten / abbestellen**
- [ ] **Postvertretung organisiert**
- [ ] **Hauptwasserhahn abdrehen**
- [ ] **Fenster zumachen**
- [ ] **Nicht den AB besprechen »Wir sind für zwei Wochen nicht da«**
- [ ] **Kreditkarte einstecken**
- [ ] **Medikamente einpacken**
- [ ] **Ladegeräte**
- [ ] **Sonnenhut und -creme**

Die Reiseregion im Überblick

Imposant erhebt sich hinter Sudjuraj das Küstengebirge

fer mit feinem Kies und optimalen Windverhältnissen; auf der Nachbarinsel Hvar umschmeicheln Kaskaden von Lavendelduft die Gäste der eleganten Hotelanlagen. Die Insel Korčula ist berühmt für ihre hervorragenden Weine, und die Elaphiten-Inseln gelten noch als Geheimtipp für einen Robinson-Urlaub. Strahlende Perle ist das UNESCO-Kulturerbe Dubrovnik.

Ein binnenländisches Kontrastprogramm bietet **Mittelkroatien** mit der Hauptstadt **Zagreb**. Die in eine waldreiche Hügellandschaft eingebettete Metropole zeigt sich im klassizistischen Gewand und besitzt zahlreiche hochkarätige Museen. Der Gebirgszug Medvednica oder das Städtchen Samobor sind an den Wochenenden beliebte Ausflugsziele der Zagreber. In Varaždin und Karlovac ist barocke Architektur zu bestaunen.

SEITENBLICK

Strandurlaub in Kroatien

Auf eines müssen Sie in den meisten Badeorten Kroatiens verzichten: einen Sandstrand. Die kroatische Küste ist zumeist schroff und felsig, kleine Kies- oder Sandbuchten liegen häufig versteckt und sind nur per Boot zu erreichen. Deshalb wurden in vielen Ferienregionen felsige Küstenabschnitte mittels Betonplattformen begradigt, von denen aus Leitern ins Meer führen. Der Vorteil der Felsküste: Das Wasser ist von kristalliner Klarheit, ein Paradies nicht nur für Taucher und Schnorchler. Badeschuhe sind von Vorteil, um die unangenehme Begegnung mit Seeigeln zu vermeiden. Wer flache Kies- oder Kies-/Sandstrände bevorzugt, findet sie z. B. in Baška auf Krk, bei Crikvenica, an der Makarska-Riviera und auf Brač.

SPECIAL

Von Marina zu Marina

Es gibt kaum ein schöneres Segel- bzw. Bootsrevier in Südeuropa als die kroatische Adria zwischen Rijeka und Dubrovnik: 1185 Inseln, eine von Buchten und Halbinseln strukturierte Küste, kalkweißer Fels und dunkle Macchiamatten, venezianische Kirchtürme und Palmenpromenaden, Eichen- und Olivenhaine sowie winzige Kiesbuchten – manch ein Seefahrer verliert sein Herz für immer an dieses Stückchen Meer.

Der sichere Hafen

Mit einem eigenen Schiff kann man tagsüber einsame Buchten anlaufen, um ungestört zu baden, und abends in alten Hafenstädtchen anlegen. Die meisten Marinas liegen so zentral, dass die Küstenorts- oder Stadtzentren und die besten Restaurants meist nur wenige Schritte voneinander entfernt sind. Insgesamt gibt es entlang der Küste 58 Jachthäfen, 21 davon gehören zum Kroatischen Jachtklub ACI. Letztere sind hervorragend ausgestattet, u. a. mit Tankstelle, Stromversorgung, Läden oder Wäscherei. Meist sind ausreichend Liegeplätze vorhanden – außer im August. Dann sind vor allem die Häfen der Kvarner Inseln und der Kornaten heillos überfüllt; stundenlanges Anstehen zum Tanken macht den Bootsurlaub nervenaufreibend.

Charter oder Kreuzfahrt

Segel- oder Sportboot-Führerscheinbesitzer haben die Qual der Wahl zwischen einem Heer von Agenturen, die Bootscharter vermitteln – und doch sind die besten Boote meist ziemlich schnell ausgebucht. Deshalb empfiehlt es sich, eine solche Reise zeitig zu planen und auch das gewünschte Schiff frühzeitig zu reservieren. Landratten ohne entsprechendes Kapitänspatent können sich einem der vielen Segeltörns anschließen, die von diversen Reiseveranstaltern angeboten werden.

- **i.D. Riva Tours**
  Hier gibt es alle erdenklichen Bootstouren durch die Inselwelt.
  Neuhauser Str. 27 | 80331 München
  Tel. 089/2 31 10 00
  www.kroatien-idriva.de
- **Nautic-Tours**
  Ein weiterer zuverlässiger Bootsmakler.
  Recklinghäuser Str. 119
  45721 Haltern am See
  Tel. 023 64/5 08 89 90
  www.nautic-tours.de
- **Nautika Centar Nava** [E5]
  Nautica Centar Nava bietet gute Boote und Segelkurse in Split, das ein guter Ausgangspunkt in Dalmatien ist.
  Uvala Baluni 1 | 21000 Split
  Tel. 021/40 77 00
  www.navaboats.com

Ein Paradies rund ums Boot

Ideal für Segler und Motorbootfahrer sind die Inseln des Kornaten-Archipels › **S. 90**. Im Sommer öffnen auf den sonst unbewohnten Eilanden Restaurants und Klubs mit Bootsparkplätzen, wie die beliebte **Konoba Opat** auf Kornat. Entspanntes Segeln um grüne Oasen bieten die Elaphiten-Inseln › **S. 129** zwischen Dubrovnik und Pelješac. Hier sollte man die **Konoba kod Marka** auf Šipan anlaufen, mit Bootsanleger und der wohl besten Küche weit und breit.

- **Konoba Opat** €€ [C5]
  Kornat | Mobil-Tel. 091/4 73 25 50
- **Konoba kod Marka** €€€ [G6]
  Šipan | Tel. 020/75 80 07

Informationen zu Nautik und Marinas

- Für Bootskapitäne bietet die Webseite des ACI, www.aci-club.hr, gute Informationen und Adressen zur Nautik in Kroatien sowie Links zu den dem ACI angeschlossenen Marinas mit detaillierten Beschreibungen.
- Nützliche Informationen erhalten Segler und Motorbootfahrer auch unter www.croatia.hr, bei der Kroatischen Zentrale für Tourismus oder in der Broschüre »Informationen für Nautiker«, herausgegeben vom Kroatischen Fremdenverkehrsamt › **S. 153**.
- Ein Standardwerk für Bootsfahrer ist das Handbuch von Karl-Heinz Beständig: **Kroatien, Slowenien, Montenegro, 888 Häfen und Buchten**, 2014/2015, 29,90 €.

Per Boot erreicht man einsame Strände

Klima & Reisezeit

Klimaregionen

Entlang der Küste genießt man in Kroatien schönstes Mittelmeerklima mit langen, warmen Sommern, einem kurzen, regnerischen Winter und den milden Übergangszeiten – doch ab und an verdirbt der Fallwind Bora den Spaß. Erbarmungslos fegt er die der Küste zugewandten Seiten der vorgelagerten Inseln kahl. So plötzlich, wie der Nordostwind auftaucht, verschwindet er auch wieder und lässt frostige Temperaturen zurück.

Ein eigenes Mikroklima prägt die Gebirge entlang der Küste wie das Velebit oder den Gebirgszug um den Risnjak im Kvarner. Hier bleibt es auch in den heißen Sommermonaten etwas kühler; gelegentlich fällt sogar Regen.

Kontinental gibt sich dagegen das Wetter Zentralkroatiens, die Winter sind hier länger als an der Küste und auch mit Schnee gesegnet, im Früh-

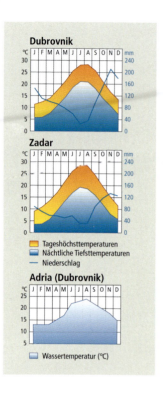

SEITENBLICK

Kleine Windkunde

Kroatiens gefürchtetster Wind ist die aus nordöstlicher Richtung vom Festland aufs Meer blasende Bora. Der kalte Fallwind entsteht bei hohem Luftdruck und peitscht das Meer vor allem in der Kvarner Bucht, im Velebitski Kanal und in Süddalmatien auf. Ihr Gegenspieler ist der Jugo, ein warmer und feuchter Süd-/Südostwind mit Ursprung in Nordafrika, der ebenfalls das Meer aufwühlt und von Regen begleitet wird – am häufigsten kommt er im Winterhalbjahr vor. Der kühle Maestral bringt von Nordwesten meist schönes Wetter mit, häufig bläst er nur am Vormittag. Unangenehm, aber selten ist die Nevera, ein Unwetterbote vom Meer her aus dem Westen, der starke Wellen erzeugt. Bootsfahrer sollten deshalb die in den Marinas erhältlichen Wettervorhersagen beachten, die für mindestens drei Tage abrufbar sind.

jahr und Herbst empfängt die Natur reichlich Regen und der Sommer ist heiß. Beide Regionen sind im Frühjahr und Herbst am schönsten, wenn man bei milden Temperaturen wandern und an der Küste baden kann. Letzteres ist ab Anfang Juni und bis weit in den Oktober hinein möglich.

Ferien und Feste

Zagreb und Mittelkroatien kennen keine Hochsaison – wenn Messen stattfinden, hat man es in Zagreb allerdings schwer, eine Unterkunft zu finden. Die ideale Reisezeit für Istrien und die dalmatinische Küste sind die Monate Juni bis September. Allerdings haben im Juli und August auch die Kroaten sowie ihre Nachbarn in Slowenien und Italien Ferien. Wer überfüllte Straßen und Strände sowie Höchstpreise für Unterkünfte vermeiden möchte, sollte zumindest zwischen 15. Juli und dem italienischen Ferragosto – dem Wochenende um Mariä Himmelfahrt am 15. August – nicht an die Küste fahren. Nach Ferragosto reisen die Italiener heim, und auch Kroaten und Slowenen beenden die Saison am Meer.

In der Saisonspitze ziehen auch zahlreiche Folklore- oder Musikfestivals Publikum an: Eine der stimmungsvollsten klassischen Konzertreihen, das Sommerfestival von Osor/Insel Cres, findet ebenso im Juli statt wie die Klassikmusikabende in St. Donat/Zadar. Nach Omiš sollte im Juli pilgern, wer den traditionellen dalmatinischen Gesang der A-capella-Chöre mag; dort treten die besten Klapa-Sänger Kroatiens auf. Die althergebrachten Schwert- und Säbeltänze von Korčula sind ein farbenfrohes Spektakel, das im August über die Bühne geht. Wenn Sie im September/Oktober reisen, empfiehlt sich ein Besuch in Lovran zur Marunada, dem Kastanienfest. Eine eigene Reise wert ist, laut der wahren Fans, der Karneval in Rijeka.

Anreise

Die meisten Urlauber reisen mit dem Auto nach Kroatien. Schneller, bequemer und oft nicht teurer geht es mit dem Flugzeug.

Flugzeuge der Croatia Airlines fliegen u. a. ab Frankfurt, München, Wien und Zürich teils direkt, teils über Zagreb die Flughäfen Split, Pula, Rijeka, Brač, Zadar und Dubrovnik an (www.croatiaairlines.com). Charterflüge gibt es im Sommer nach Dubrovnik, Zadar, Pula und Rijeka. Den Linienflugverkehr nach Zagreb bedienen Lufthansa (www.lufthansa.de), Swiss (www.swiss.com) sowie Austrian Airlines (www.aua.com).

Mit dem **eigenen Kfz** erreicht man Kroatiens Küstenregionen entweder über die italienische Hafenstadt Triest und das slowenische Koper oder über Villach, Ljubljana und Rijeka. Das südliche Dalmatien ist über Zagreb und

Anreise

Inselhopping macht an der kroatischen Adria besonders viel Spaß

die inzwischen bis Ploče fertiggestellte Autobahn wesentlich schneller zu erreichen als auf der spektakulären Küstenmagistrale.

Per **Bahn** ist Kroatien mit vielen Städten Mittel- und Südeuropas verbunden. Nach Rijeka und Split verkehren moderne IC-Züge, gelegentlich muss man im slowenischen Ljubljana oder in Zagreb umsteigen. Auskünfte über Autoreisezüge und ICs erhält man bei den Reisebüros oder auf den Websites der Deutschen Bahn (www.bahn.de) und der Österreichischen Bundesbahnen (www.oebb.at).

Linienbusse fahren regelmäßig von München, Stuttgart, Frankfurt/Main und Wien u.a. nach Zagreb, Split und Rijeka (Infos zu Zeiten und Preisen auf www.eurolines.de).

Autofähren zwischen Italien und der dalmatinischen Küste verkehren auf folgenden Hauptstrecken: Ancona–Split/Zadar, Pescara–Split/Stari Grad, Bari–Dubrovnik. Nähere Informationen in den Reisebüros oder bei Jadrolinija › S. 29 sowie bei den Fährgesellschaften wie Blueline (www.bluelineferries.com) und SNAV (www.snav.it). Online kann man buchen auf dem Portal A Ferry (www.aferry.de).

Reisen im Land

Mit Auto und Motorrad

Die Verbindungen zwischen Rijeka, Split und Zagreb sind durch die neuen Autobahnen sehr gut, das Autobahnnetz und die aktuellen Mautpreise zeigt die Website www.hac.hr (auf Englisch). An der Küste ist die Magistrale Rijeka–Dubrovnik die wichtigste, stark befahrene und unfallträchtige Verkehrsachse. Die Nebenstraßen auf den Inseln und Halbinseln sind mitunter schmal und holprig.

An fast allen Tankstellen gibt es sowohl bleifreies Benzin als auch Diesel; an großen Durchgangsstraßen sind sie meist 24 Std. geöffnet.

Es gelten folgende Geschwindigkeitsbeschränkungen: 50 km/h in Ortschaften, 90 km/h auf Regionalstraßen, 110 km/h auf Schnellstraßen und 130 km/h auf Autobahnen; Wohnmobile über 3,5 t außerorts 80 km/h.

Beim Überholen muss während des gesamten Vorganges der linke Blinker eingeschaltet sein und von Oktober bis März tagsüber generell das Abblendlicht. Die Promillegrenze liegt bei 0,5, ist man alkoholisiert in einen Unfall verwickelt, erlischt der kroatische Versicherungsschutz schon ab 0,1 ‰. Auto-/Motorradfahrer und -beifahrer müssen eine Warnweste tragen, wenn sie das Fahrzeug auf Straßen außerorts z. B. wegen einer Panne verlassen.

Mit Bahn und Bus

Die Bahnverbindungen im kroatischen Binnenland sind gut, an der Küste hingegen kaum vorhanden. Bequemer und zeitsparender ist es, mit lokalen Bussen zu reisen. Die Fernbusse sind in der Regel klimatisiert, Stadt- und Lokalbusse dagegen nicht. Fahrkarten kann man auch im Bus kaufen. Bahn- und Bustarife sind deutlich günstiger als in Mitteleuropa. Für eine Strecke von 100 km zahlt man ca. 50 Kn. Infos über innerkroatische Verbindungen findet man unter www.autotrans.hr.

Mit Schiffen und Fähren

Ohne die Fähren der Jadrolinija läuft im Inselverkehr Dalmatiens nichts. Zwischen dem Festland und den Inseln bestehen regelmäßige Verbindungen; allerdings werden einige Strecken nur im Sommer befahren. Die Tickets für die meisten Verbindungen sind online auf www.jadrolinija.hr zu kaufen, beinhalten aber keine Platzgarantie. Wer also mit dem eigenen Fahrzeug reist, tut gut daran, auf viel befahrenen Strecken in der Hochsaison zeitig am Hafen zu sein. Mit längeren Wartezeiten ist zu rechnen. Alle wichtigen Informationen zu Fährverbindungen in Kroatien bei **Jadrolinija** [B3] (Riva 16, 51000 Rijeka, Tel. 051/66 61 11, www.jadrolinija.hr).

Die Schiffe der Jadrolinija sorgen für reibungslosen Transport zwischen Festland und Inseln

SPECIAL Unterwegs mit Kindern

SPECIAL

Unterwegs mit Kindern

Dobrodošli – Kinder sind Könige in Kroatien und überall willkommen! Sie ins Bett zu verbannen, wenn's doch nachts auf dem Corso noch so spannend ist, sie zur Ruhe zu ermahnen, wo Kindergeschrei doch erst Leben in die Bude bringt – nicht in Kroatien!

Sand und Kies

Als besonders familienfreundlich gelten die Strände um **Crikvenica** › S. 67, wo die Sand-Kies-Strände sanft ins Meer abfallen. Über weichen Sand als Abwechslung zur Felsküste freuen sich Kinder auch auf der **Mali Lošinj** › S. 70 vorgelagerten Badeinsel **Susak**.

Felsenpools und Schnorchel

Fels und Kies sind zwar nicht so bequem wie feiner Sand und man kann auch keine Burgen bauen. Eine solche Küste kann aber auch total spannend sein: Wenn die Kleinen in den Felstümpeln Krebse und Fischchen beobachten oder die älteren Kinder mit Schnorchel und Flossen die herrliche Unterwasserwelt erkunden. Solche Abenteuer sucht man an Sandstränden vergebens!

Mehr als Meer

Im Hinterland locken weitere Attraktionen: Ein Besuch beim Falkner im Dubrava nahe Šibenik beispielsweise, oder des Aquariums von Pula, das nicht nur mit seltenen Meeresbewohnern aufwartet, sondern auch noch in einer alten Festung beheimatet ist.

- **Sokolarski Centar** [D5]
  Dubrava Škugori
  www.facebook.com
  Juni–Sept. 9–19 Uhr
- **Aquarium Pula** [B3]
  Fort Verudela | www.aquarium.hr
  Juli, Aug. tgl. 9–22 Uhr, sonst kürzer

Sport & Aktivitäten

Tagelanges Sonnenbaden am Strand ist out, Urlaub mit Bewegung in der freien Natur oder sportliche Aktivitäten stehen heute auch bei Kroatienurlaubern hoch im Kurs, und die Tourismusverbände haben sich längst darauf eingestellt.

Die Küstenregion bietet ein schier unerschöpfliches Angebot an Sportarten, wobei der Wassersport natürlich dominiert. Man kann aber auch wandern, mountainbiken, klettern, paragliden und vieles mehr. Praktische Tipps und interessante Hinweise zu den wichtigen Wassersportarten an der Adria finden sich in der von der **Kroatischen Zentrale für Tourismus** › **S. 153** herausgegebenen Gratisbroschüre »Wassersport« oder unter www.croatia.hr.

Segeln und Motorbootfahren

Längst hat sich herumgesprochen, dass die kroatische Küste zu den besten Segelrevieren der Welt zählt. In dalmatinischen Gewässern tummeln sich Bootseigner und Freizeitkapitäne, die Boote oder Jachten über direkte Kontakte oder spezielle Reiseveranstalter chartern. Infos über Bootscharter › **Special S. 24**.

Sporttauchen und Schnorcheln

Lange Abschnitte der kroatischen Festlands- und Inselküsten bestehen aus Fels, Karst oder Kieselstränden – eine Einladung zum Tauchen und Schnorcheln, da keine aufgewirbelten Sandpartikel das Wasser trüben. Vor den Inseln präsentiert sich das Meer so kristallklar, dass

Die steilen Bergstraßen sind ein Paradies für Mountainbiker

man Gegenstände in mehr als 50 m Tiefe noch erkennt.

In vielen Tauchzentren kann man die Ausrüstung ausleihen und Kurse belegen. Wer auf eigene Faust tauchen will, muss sich bei den Basen eine Tauchgenehmigung ausstellen lassen (100 Kn). Tipps über kroatische Tauchreviere und empfehlenswerte Schulen findet man im Internet unter www.croatia.hr und www.ronjenjehrvatska.com.

Windsurfen

Surfreviere haben Istrien und Dalmatien wie Sand am Meer. Insider sind vor allem von den Buchten der Insel Brač südlich von Split, der Halbinsel Pelješac nördlich von Dubrovnik und der Landzunge Premantura bei Pula begeistert. Informationen erhält man bei den Touristeninformationen der jeweiligen Küstenorte und auf www.surfspots.de; Ausrüstung lässt sich vor Ort leihen.

Kanufahren und Rafting

Die kroatischen Flüsse erfreuen sich bei Wildwasserfahrern immer größerer Beliebtheit. Mehrere Veranstalter bieten Raftingtouren auf der Cetina bei Omiš an, darunter auch Slaptours. Die Agentur Huck Finn von Zeljko Kelemen, Kroatiens berühmtestem Flussmann, organisiert alle Arten von Wassersport auf wilden und ruhigen Binnengewässern plus Seekajaktouren in der Adria. Hinzu kommen Wander- und Radtouren.

Slaptours [D5]
- Fra J. Milete 7 | 22000 Šibenik
  Tel. 022/31 14 60 | www.slaptours.hr

Huck Finn [D2]
- Ulica Grada Vukovara 271
  10000 Zagreb | Tel. 01/6 18 33 33
  www.huckfinncroatia.com

Wandern, Bergsteigen und Klettern

Am schönsten und unkompliziertesten ist das Wandern in den kroatischen Nationalparks: Rund um die Plitwitzer Seen, im Nordvelebit, im Krka-Nationalpark und im Paklenica-Nationalpark kann man grandiose Landschaften auf zum Teil befestigten und gut ausgeschilderten

---

!**Erstklassig**

Die spannendsten Aktivitäten

- Den letzten Kick suchen und finden **Windsurfer** an der Südspitze Istriens bei **Premantura** und bei Winden aus Richtung NNO und SSO. › S. 61
- Bis heute leben Braunbären und Wölfe im **Risnjak-Nationalpark**, der mit seiner unberührten Waldlandschaft fantastische **Wandererlebnisse** verspricht. › S. 67
- Eine ausgesprochen reizvolle **Fahrradtour** verläuft über die Insel **Dugi Otok** auf 43 km von Sali bis nach Veli Rat. › S. 80
- Eine spektakuläre Schlucht lädt bei **Omiš** zu atemberaubenden **Kletterpartien** ein, 40 Kletterrouten sind ausgewiesen. › S. 110

Wegen erkunden. Auf vielen Inseln der Kvarner Bucht und Dalmatiens sind ebenfalls schöne Wanderrouten ausgewiesen.

Ein umfangreiches Outdoorprogramm bietet der kroatische Veranstalter **Adventure Dalmatia** (www.adventuredalmatia.com): Rafting, Canyoning, Freeclimbing und Trekkingtouren in der Cetina-Schlucht oder im Paklenica-Nationalpark eignen sich für Anfänger und Profis.

Radfahren

Für Pedalritter sind die Inseln mit ihren schmalen Sträßchen und Feldwegen ebenfalls ein wunderbares Revier. Verleihfirmen gibt es in den Badeorten. Wer organisiert mit dem Fahrrad inselhüpfen möchte, findet kombinierte Boots-/Fahrradtouren durch den Kvarner Golf und Dalmatien bei **i. D. Riva Tours** › **S. 25**.

Wanderern bieten sich herrliche Ausblicke

Unterkunft

Ganz gleich, ob man Hotelanlagen, Campingplätze oder kleine Privatzimmer bevorzugt: Das Angebot an Unterkünften in Kroatien ist riesig.

Die meisten Strandhotels haben drei oder vier Sterne und bieten guten Komfort sowie ein breites Freizeitprogramm. Da viele der mittlerweile renovierten Hotels aus den 1970er-Jahren recht hellhörig sind, sollten ruhebedürftige Gäste besser Zimmer verlangen, die abseits vom Hauptgeschehen liegen. Bei der Kroatischen Zentrale für Tourismus › S. 153 kann man ein Hotelverzeichnis mit Preisen anfordern oder es auf www.croatia.hr einsehen. Das Preisniveau für Individualgäste ist hoch. Wer längere Zeit an einem Ort bleiben möchte, fährt günstiger, wenn er ein Pauschalarrangement bucht.

Privatzimmer und Apartments

Wer bei Privatleuten ein Zimmer oder Apartment mietet, kommt preislich deutlich günstiger weg als in den Hotels. Ausstattung, Größe und Lage der Privatunterkünfte variieren natürlich sehr. Die Preise werden vom jeweiligen Tourismusverband nach Kategorien festgelegt. Man kann die Zimmer direkt anmieten oder sie sich von Reisebüros vermitteln lassen, online z. B. von www.wimdu.de.

Unterkunft

Das Hotel Miramar in Opatija

Private Hotels und Pensionen

Die Zahl kleiner privater Hotels und Pensionen ist in den letzten Jahren rasant gestiegen. Standard und Ausstattung unterscheiden sich sehr – man kann zwischen 5-Sterne-Luxus und einfacher Ausstattung, zwischen modernstem Design und bäuerlichem Mobiliar wählen.

Ferienhäuser

Richtige Ferienhäuser werden in Kroatien bislang wenig angeboten; meist sind es Wohnungen, Haushälften oder Etagen, wo man mit den Vermietern unter einem Dach lebt. Ferienhäuser bietet **Istrien Pur** an (Brigitte Müller, 52424 Motovun, Tel. 00385 (0) 52 68 15 18, www.istrien-pur.com). [B3]

Bauernhäuser und Stadthäuser Istriens findet man außerdem im Katalog des Istrischen Tourismusverbandes, den man bei der Kroatischen Zentrale für Tourismus › S. 153 erhält. www.kompas-villas.com hat Häuser an der dalmatinischen Küste im Programm.

Camping

Die Mehrzahl der über 200 Campingplätze Kroatiens sind von Mai bis September geöffnet. Eine rechtzeitige Buchung ist vor allem bei attraktiven Campinganlagen ratsam. In ihrer Ausstattung entsprechen sie internationalem Standard.

Die Kroatische Zentrale für Tourismus › S. 153 versendet ein Verzeichnis der Campingplätze mit Preisangaben. Wild campen ist strengstens verboten!

FKK-Anhänger finden spezielle »Naturist«-Campingplätze, einer der schönsten Kroatiens ist der **Naturist park Koversada** (Koversada, 52450 Vrsar, Tel. 052/80 02 00, www.maistra.com). [A3]

! Erstklassig

Charmehotels

- Erinnerungen an die k.-u.-k.-Riviera pflegt das nostalgische Hotel **Miramar** in Opatija. › **S. 65**
- Seebären und die, die es noch werden wollen, finden im **Hotel Kanajt** in Punat/Krk eine ideal gelegene Unterkunft mit maritimem Flair. › **S. 72**
- Kühle Eleganz und raffinierter Luxus prägen das **Hotel Riva** in dem Städtchen Hvar. › **S. 115**
- Dubrovniks multikulturelle Vergangenheit erweckt das romantische Altstadthotel **The Pucić Palace** zum Leben. › **S. 127**
- Klein, exklusiv und familiär ist **Villa Vilina** auf der Elaphiten-Insel Lopud. › **S. 130**

Besuch beim Leuchtturmwärter SPECIAL

SPECIAL

Besuch beim Leuchtturmwärter

Ferien im Leuchtturm

Es gibt in Kroatien sehr individuelle und originelle Unterkunftsmöglichkeiten. So findet man z. B. an der Küste elf zu Ferienapartments ausgebaute Leuchtturmhäuser. Die meisten sind einige Kilometer von der nächsten Ortschaft entfernt und haben die Felsstrände direkt vor der Türe. Einer der Leuchttürme steht auf Porer an der Südspitze Istriens. Die kreisrunde, vegetationslose Insel mit nur 80 m Durchmesser liegt 1,5 Seemeilen vom Festland entfernt und ist ein beliebtes Domizil für Individualisten.

Wer sich für die ganz abgeschieden liegenden Leuchttürme wie Prišnjak (bei der Insel Murter) oder Palagruža (auf einer Klippe auf halbem Weg zwischen Kroatien und Italien) entscheidet, wird die Anwesenheit eines Leuchtturmwärters sicher begrüßen. Buchen kann man Unterkünfte in Leuchttürmen bei Hrvoje Mandekić (www.lighthouses-croatia.com, Tel. 00385 021 39 06 09).

Freizeitkapitäne und Fischer

Der Kornaten-Nationalpark › S. 90 umfasst eine einzigartige Wasser- und Inselwelt. Auf den winzigen Eilanden lebten früher Fischer in einfachen Steinhäuschen – heute ziehen in den Ferienmonaten Touristen in die ländlichen Quartiere. Die Inseln werden regelmäßig von Versorgungsschiffen angelaufen, auf denen man alle benötigten Lebensmittel kaufen kann – schöner ist es jedoch, ein Boot zu mieten und selbst zum Shopping nach Murter zu tuckern. Übernachtungsmöglichkeiten in alten Fischerhäusern auf den Kornaten vermittelt die **Agentur Arta** (Podvrtaje 21, 22243 Murter, Tel. 022/43 65 44, www.murter-kornati.com). [D5]

Ein ganz besonderes Erlebnis sind Ferien im Leuchtturm, wie hier auf Palagruža

Ein idyllischer Fischerhafen, ein hübsches Café ...
und das Ferienglück ist perfekt.

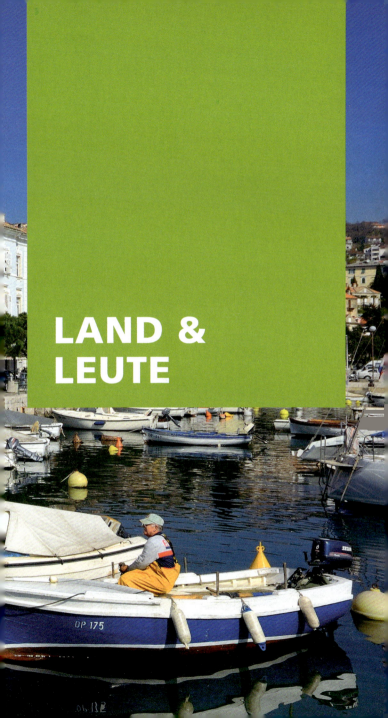

LAND & LEUTE

Steckbrief

- **Fläche:** 56 594 km² Festland; 31 900 km² maritime Gebiete; 1185 Inseln
- **Bevölkerung:** 4,3 Mio. Einw., davon 90 % Kroaten, 4,5 % Serben
- **Bruttoinlandsprodukt:** 43,7 Mrd. € (2015)
- **Arbeitslosenquote:** 17 % (2015)
- **Beschäftigungsstruktur:** Landwirtschaft 2 %, Industrie 28 %, Handel und Dienstleistungen 70 %
- **Hauptstadt:** Zagreb, 790 000 Einw.
- **Größte Städte:** Split, 178 000 Einw.; Rijeka, 128 000 Einw.
- **Höchste Erhebung:** Dinara, 1830 m
- **Währung:** Kroatische Kuna, unterteilt in 100 Lipa
- **Landesvorwahl:** 00 385

Lage

Kroatien erstreckt sich zwischen den südöstlichen Ausläufern des Alpenhauptkamms im Nordwesten bis hin zur Pannonischen Tiefebene mit der Donau im Osten. Im Westen konzentriert sich die adriatische Küsten- und Inselregion, deren Breite in Richtung Süden deutlich abnimmt. Parallel dazu erhebt sich in Nordwest-Südost-Richtung das Dinarische Gebirge. Das Adriatische Meer bildet die Seegrenze zu Italien, in puncto Landgrenze (Länge: 2197 km) haben die 1990er-Jahre Kroatien eine ganze Anzahl von Grenznachbarn beschert: Mit Ausnahme von Ungarn waren die heute autonomen Staaten Slowenien, Bosnien-Herzegowina, Serbien und Montenegro früher Teilrepubliken Jugoslawiens.

Politik und Verwaltung

Kroatien ist seit 1991 eine Republik, deren Parlament *(sabor)* alle vier Jahre neu gewählt wird, das Staatsoberhaupt wird in direkter Abstimmung vom Volk bestimmt. Die meiste Zeit wurde Kroatien von einer national-konservativen Regierung der Partei HDZ regiert. 2016 stürzte das Regierungsbündnis der HDZ mit der Mitte-rechts-Partei MOST über ein Misstrauensvotum. Die Neuwahlen brachten keine klareren Mehrheiten; Ministerpräsident Tihomir Orešković steht einer HDZ/MOST-Koalition vor. International setzte Kroatien den Willen zur Versöhnung durch seine Kooperation mit dem UN-Kriegsverbrechertribunal um. Seit April 2009 ist Kroatien Mitglied der NATO, am 1. Juli 2013 erfolgte der EU-Beitritt.

Wirtschaft

Kroatiens Wirtschaft musste im Jahr 2009 einen Rückgang des Wachstums um knapp 6 % verkraften und konnte sich bislang von dieser wirtschaftlichen Talfahrt nicht wieder erholen.

Wichtigster Wirtschaftsfaktor an der Küste ist der Tourismus, wo schätzungsweise über drei Viertel der Bevölkerung direkt oder indirekt davon profitieren. In den letzten Jahren konnte der Tourismus kontinuierliche Zuwächse verbuchen, 2015 waren es 14,3 Mio. Urlaubsgäste aus dem Ausland, davon 2,13 Mio. aus Deutschland, das entspricht einer Steigerung von 7 % zum Vorjahr. Die Einnahmen aus dem Fremdenverkehr schlagen mit 20 % des Bruttoinlandsprodukts zu Buche.

Den anderen Sektoren fällt der Übergang von der Plan- zur Marktwirtschaft schwerer, ausländische Investoren sind noch zurückhaltend. Als problematisch gilt nach wie vor der Industriesektor, dessen Modernisierung nach teils schweren Kriegsschäden bei den Betrieben (Aluminium- und Stahlwerke, Raffinerien und Maschinenbau) auch durch Missmanagement hinterherhinkt. Insgesamt lag der Anteil der Industrie am Bruttoinlandsprodukt 2015 bei rund 25 %, während jener der landwirtschaftlichen Produktion auf 5 % sank.

Deutliche Ungleichgewichte gibt es in Kroatien bei der Außenhandelsbilanz, wo die Importe die Exporte weit übertreffen, sowie beim regionalen Wirtschafts- und Wohlstandswachstum, das sich deutlich auf die Küste und den Großraum Zagreb konzentriert.

Bevölkerung und Sprache

Demografisch passt Kroatien ins Bild der Vielvölkerregion Balkan, auch wenn zu 90 % Kroaten innerhalb der Landesgrenzen leben. Mehr als halbiert hat sich seit den 1990er-Jahren der Anteil der Serben, die heute noch 4,5 % stellen. Hinzu kommen noch Minderheiten wie Bosnier, Ungarn und Slowenen; mit Anteilen von jeweils unter 1 %.

Offizielle Landessprache ist das zur südslawischen Sprachfamilie gehörende Kroatisch, das je nach Region mit anderer Einfärbung gesprochen wird. An der Küste klingen viele italienische Lehnwörter aus der Sprachmelodie, gen Osten wird der weiche Singsang des Ungarischen spürbar, nach Süden hin der Einfluss des Serbischen. In den Touristenzentren ist eine Verständigung auf Deutsch oder Englisch möglich.

Klassischer Erwerbszweig: die Fischerei

Geschichte im Überblick

Ca. 3000 v.Chr. Ausgrabungen bekunden die Besiedlung der Küstenregion im Neolithikum.
Um 1200 v.Chr. Einwanderung illyrischer Stämme aus Mitteleuropa, in Dalmatien siedeln sich die Delmaten an.
Ca. 100 v.Chr. Rom erweitert sein Reich in den ostadriatischen Raum und kontrolliert bis 535 auch das Hinterland.
305 n.Chr. Kaiser Diokletian dankt ab und zieht sich in seinen Palast nach Salona (heutiges Split) zurück.
614 Awaren und Slawen zerstören Salona, die Hauptstadt der römischen Provinz Dalmatien. Die slawische Besiedlung des Balkans dauert bis ins 8. Jh. an.
925 Tomislav, erster Herrscher Kroatiens, vereint Pannonien und Dalmatien zu einem Königreich.
Ab 1000 Die Seehandelsrepublik Venedig beginnt mit der Unterwerfung Dalmatiens.
1102 Tod des letzten kroatischen Königs Petar Snačić. Vereinigung des Reiches mit Ungarn.
1204 Ende der byzantinischen Herrschaft über Dubrovnik, das fortan einem venezianischen Gouverneur untersteht.
1353–1391 Der bosnische König Tvrtko erobert Süddalmatien bis Split.
1493 Die Türken unterwerfen Teile von Kroatien.
1537 Die Osmanen bedrängen das unter venezianischer Herrschaft stehende Dalmatien.
1573 Österreich schlägt den Aufstand kroatischer Bauern unter Matija Gubec nieder.
1699 Im Frieden von Karlowitz fällt Südkroatien an Österreich.
1797 Napoleon löst im Frieden von Campoformio die Republik Venedig auf, Istrien und Dalmatien fallen an Österreich.
1805 Dalmatien gerät unter französische Oberhoheit.
1815 Fast ganz Kroatien wird Teil der k.-u.-k.-Monarchie.
1918 Kroatien wird Teil des Königreichs der Serben, Kroaten und Slowenen (SHS).
1929 König Alexander (1934 ermordet) proklamiert das Königreich Jugoslawien.
1941 Nach dem Beitritt Jugoslawiens zum Dreimächtepakt entsenden Italien, Deutschland und Ungarn Truppen auf den Balkan. Unter Ante Pavelić, dem Führer der faschistischen Geheimorganisation Ustaša, entsteht der – von Hitler und Mussolini geduldete – »Unabhängige Staat Kroatien«.
1944 Josip Broz Tito organisiert den erbitterten Partisanenkampf gegen die deutsche Besatzung.
1945 Nach dem Sieg der Volksbefreiungsarmee werden Kroatien und Slowenien als Sozialistische Republiken unter dem Staatspräsidenten Josip Broz Tito wieder Teile Jugoslawiens.
1979 Ein starkes Erdbeben beschädigt Dubrovniks historisches Zentrum schwer.

Natur & Umwelt

1980 Nach Titos Tod zeichnet sich eine Neuordnung des politischen Systems auf dem Balkan ab.
1990 Freie Wahlen finden in Slowenien, Kroatien und Serbien statt. Annahme der neuen kroatischen Verfassung.
1991 In einem Referendum votieren 93,2 % der Bevölkerung für ein souveränes Kroatien. Das Land erkärt sich daraufhin für unabhängig.
1992 Schwere Artillerieangriffe auf Dubrovnik Ende Mai. Im September befreit die kroatische Armee Cavtat im äußersten Süden.
1995 Kroaten erobern von den Serben die Krajina im Hinterland der Adriaküste zurück. Unterzeichnung des Friedensabkommens von Dayton am 21. Nov.
1999 Kroatiens umstrittener Präsident Franjo Tudman stirbt.
2003 Kroatien beantragt seine Aufnahme in die EU.
2007 Mit dem Beitritt Sloweniens und Ungarns zum Schengen-Abkommen wird Kroatien EU-Außengrenze.
2010 Dr. Ivo Josipov gewinnt die Präsidentenwahl. Kroatien und Slowenien stimmen dem internationalen Schiedsspruch im Grenzstreit um die Bucht von Piran zu.

Die Altstadt von Dubrovnik

2011 Nach den Parlamentswahlen im Dezember wird der Sozialdemokrat Zoran Milanović (SDP) Premierminister. Ex-General Ante Gotovina wird in Den Haag wegen Verbrechen gegen Serben in der Krajina zu 24 Jahren Haft verurteilt, 2013 aber freigesprochen.
2013 Am 1. Juli wird Kroatien der 28. Staat der EU.
2016 Kroatiens Regierung zerbricht an einem Korruptionsskandal; die Neuwahlen bringen erneut eine konservativ-nationale Koalition an die Macht.

Natur & Umwelt

Geografische Gliederung

Landschaftliche Vielfalt prägt das Erscheinungsbild Kroatiens, ein großer Teil davon wird vom Karst geformt › **S. 43**. Beginnend im äußersten Nordwesten des Landes, erstreckt sich die tropfenförmige Halbinsel Istrien mit ihren fruchtbaren Böden, ihrer Hügellandschaft mit mediterraner Vegetation und den auf Hügelkuppen thronenden mittelalterlichen Städtchen – seit langer Zeit eine der bevorzugten Ferienregionen an der Adria. Südöstlich

Natur & Umwelt

anschließend öffnet sich der Kvarner Golf mit den großen, vorgelagerten Inseln Cres, Lošinj, Rab und Krk.

In Richtung Süden erstreckt sich ein stetig schmaler werdender Küstenstreifen bis ins Konavle-Tal südöstlich von Dubrovnik. Ihm vorgelagert sind mehr als 1200 Inseln unterschiedlichster Größe und Gestalt – Überbleibsel eines vor etwa 12 000 Jahren überschwemmten Festlandstreifens, dessen Täler nun als Wasserstraßen dienen. Ein schmaler Korridor führt von der Küstenregion nordöstlich von Senj hinüber nach Zentralkroatien, das mit der Flusslandschaft der Podravina und Posavina weit nach Osten ausgreift. Das Land wurde von den Sedimentablagerungen großer Flüsse wie der Kupa, der Drava und der Sava gebildet und wird intensiv landwirtschaftlich genutzt. Die Landschaften um die Hauptstadt Zagreb sind geprägt von Hügeln und Bergen, aus denen im Hrvatsko Zagorje (»Land hinter den Bergen«) um den Stadtberg Medvednica auch Thermalquellen sprudeln. Nach Südosten schließt sich das Pannonische Becken an, die flach-hügelige Kornkammer Slawonien mit ihren endlosen Maisfeldern und Eichenwäldern.

Als Wasser- und Klimascheide zwischen Ost- und Westkroatien erhebt sich parallel zur Küste das mächtige Dinarische Gebirge, das mit seinen schroffen, karstigen Flanken die Adriaregion vor kalten Winden aus dem Nordosten schützt.

Fauna und Flora

In der adriatischen Region von Umag im Norden bis Čilipi im Süden dominiert mediterrane Vegetation wie Zedern oder Zypressen. Die verkarsteten Gebiete sind von Macchia überzogen, wo im Kalkgestein Erde und Platz zum Wurzeln ist, wachsen auch Steineichen, Pinien und Aleppo-Kiefern. In Istrien ziehen sich besonders an der milden Ostküste ganze Kastanienwälder die Hänge der Küstenberge empor, im Dinarischen Gebirge finden sich in den Tieflagen noch größere Waldgebiete mit Eichen, die mit zunehmender Höhe von Buchen und Kiefern abgelöst werden, wie im küstennahen Gorski Kotar oder um die Plitwitzer Seen. Der größte Teil Ostkroatiens zwischen Save und Drau wird intensiv landwirtschaftlich genutzt, sodass Wald von Agrarflächen immer mehr zurückgedrängt wurden.

Das Dinarische Gebirge ist heute noch Rückzugsraum von Großwild wie Braunbär, Wolf, Luchs und Mufflon sowie von Greifvögeln wie Stein- und Schlangenadler. Auf der Insel Cres kann man mit Glück sogar Gänsegeier beobachten. Vielfältig ist die Reptilienwelt an der Adria (Eidechsen, Geckos, Schildkröten, Nattern, Ottern), das größte Säugetier dieser Region lebt im Wasser: Es sind die Delfine, die heute unter strengem Naturschutz stehen.

Die kroatische Adria ist sauber und artenreich, Korallen und Schwämme in rotgoldener Pracht besiedeln die Felsen, und dazwischen tummeln sich Doraden, Kraken und Zackenbarsche. Haie, die es in der Adria ebenfalls gibt, bekommt man nur selten zu Gesicht.

SPECIAL

Fabellandschaft Karst

Zwischen Triest und Ljubljana beginnt mit dem Dinarischen Gebirge ein Ausläufer der Alpen, der Istrien und Dalmatien als natürliche Barriere vom restlichen Kroatien trennt. Aus der Entfernung erscheinen die mächtigen Rücken der zergliederten Gebirgszüge grau, öd und abweisend, aus der Nähe enthüllen sie einen ganz eigenen Reiz. Das Zauberwort, das diese schroffen Landschaften formt, heißt Karst. Der Begriff leitet sich von *kras,* dem slowenischen Namen der Hochebene oberhalb des Golfes von Triest, ab.

Der Entstehungsprozess von Karstlandschaften beruht auf chemischer Verwitterung. Mit Kohlensäure angereichertes Regenwasser greift nicht nur das ungeschützte Oberflächengestein an und modelliert es zu seltsamen Formen. Es sickert auch in das poröse Kalkgestein, gelangt durch Spalten und Erdrisse in die Tiefe und wäscht verborgene Hohlräume aus. Wenn die Erdoberfläche darüber einbricht und trichterförmige Vertiefungen entstehen, nennt man diese Dolinen, wenn sie größer sind, Poljen. Andere Formen der Karstlandschaften sind Karrenfelder, steinerne Wüsten aus bizarr gerillten und gezackten Felsen.

Berühmtestes Karstphänomen sind die Höhlen, von denen nur die wenigsten für Besucher zugänglich sind. Die fast vegetationslosen Karstflächen, auf denen nur Schaf- und Ziegenzucht möglich ist, sind meist das Ergebnis menschlichen Raubbaus: Von der Antike bis in die venezianische Ära wurden die Bergflanken abgeholzt, um Baumaterial und Brennholz zu gewinnen.

Buchtipp: Der Faszination dieser Landschaft widmet sich das Bändchen **Europa erlesen: Karst**, Hrsg.: Lojze Wieser, Wieser Verlag, Klagenfurt 1997.

Natur & Umwelt

Geschützte Natur und Naturschutz

Von den acht Nationalparks schützen vier – Risnjak, Paklenica, Nordvelebit und die Plitwitzer Seen – Berggebiete, drei – Kornaten, Mljet und Brijuni – Areale um Inseln und der achte einen Abschnitt des Krka-Flusses bei Šibenik. Ausgewiesene Naturschutzgebiete sind unter anderem die Insel Lokrum vor Dubrovnik, der Naturpark Medvednica bei Zagreb, das istrische Kap Kamenjak, an dem sich seit einiger Zeit wieder die von der Ausrottung bedrohten Mönchsrobben wohlfühlen, und das majestätische Velebitgebirge mit seiner artenreichen Flora und Fauna.

Wie sauber das Wasser der kroatischen Adria ist, belegen die 98 mit der Blauen Flagge ausgezeichneten Strände (www.blueflag.global).

Kunst & Kultur

Architektur zwischen Rom und Habsburg

Mauerreste illyrischer Fluchtburgen gehören zu den ältesten Architekturzeugnissen Kroatiens. Mit der Eroberung durch die Römer im 2./3. Jh. n. Chr. begann eine neue Ära, deren eindrucksvollste Zeugnisse der Diokletian-Palast in Split und das Amphitheater in Pula sind.

Ab dem 11. Jh. kamen viele Küstenstädte durch florierenden Seehandel zu Wohlstand, dementsprechend repräsentativ wurde gebaut: In Zadar schufen im 12./13. Jh. fleißige Hände mit der Kathedrale St. Anastasia (Sveta Stošija) ein grandioses romanisches Gotteshaus. Die Zeit des Überganges von der Spätgotik zur Renaissance war wesentlich geprägt durch den Architekten und Bildhauer Juraj Dalmatinac (etwa 1420–1473). Sein Nachfolger als Dombaumeister in Šibenik war Nikola Firentinac (etwa 1440–1505), zu dessen schönsten Werken die Kapelle des hl. Johannes in der Kathedrale von Trogir gehört.

Während die Küstenregion florierte, ächzte das Binnenland unter der Bedrohung und dem Joch des Osmanischen Reiches. In Zentralkroatien wurden Festungsanlagen gebaut, wie die Festung Karlovac (16. Jh.) mit dem Grundriss eines sechszackigen Sterns. Erst als man die Türken 1699 endgültig zurückgedrängt hatte, erlebte das Land eine Phase des Aufschwungs. Im Stil des österreichischen Barock wurden Klöster, Kirchen und Paläste errichtet, in den Altstädten von Zagreb und Varaždin ist die verspielte Architektur noch heute das dominierende Element.

Bildhauerei und Malerei

Die Bearbeitung von Stein und Marmor beherrschte Meister Radovan perfekt: Sein 1240 gestaltetes Hauptportal der Kathedrale von Trogir mit Bibelszenen und Monatsdarstellungen gehört zu den bedeutendsten Werken

Kunst & Kultur

Der berühmte Totentanz in der Kirche Sv. Marija na Škriljinah bei Beram

europäischer Bildhauerkunst des Mittelalters. Als Architekt und als Bildhauer tat sich Juraj Dalmatinac aus Zadar hervor, sein Meisterwerk ist der Jakobsdom von Šibenik. Ein weiterer renommierter Bildhauer war der Dalmatinac-Schüler Andrija Aleši, der 1467 für die Laurentius-Kathedrale in Trogir eine viel beachtete Taufkapelle schuf.

Erst im 20. Jh. machte ein kroatischer Bildhauer wieder international von sich reden: Ivan Meštrović (1883–1962), bekannt vor allem durch seine Indianer-Skulpturen in Chicago.

Eines der originellsten Zeugnisse der Malerei sind die Totentanzfresken im Kirchlein Sv. Marija im istrischen Beram, die 1474 vom Meister Vinzenz von Kastav angefertigt wurden.

Im 19. Jh. brachte es der dem Realismus verpflichtete Juraj Pavlović in erster Linie mit seinen Porträtmalereien zu Rang und Namen. Die heimatliche Landschaft des Zagorje bildete Ljubo Babić (1890–1974) ab. Weit über die Grenzen Kroatiens hinaus wurde Ivan Generalić (1914–1992) mit seiner Naiven Malerei (Schule von Hlebine › **unten**) bekannt.

SEITENBLICK

Schule von Hlebine

Vom Kuhhirten zum weltbekannten Künstler – eine solche Karriere hatte der angesehene Maler Krsto Hegedušić wohl nicht vermutet, als er Ivan Generalić (1914–1992) und Franjo Mraz (1910–1981) aus seinem Heimatdorf Hlebine 1930 ermutigte, ihre Bauernalltags-Malerei auszustellen. Generalić, der Talentiertere, wurde bald berühmt und gründete mit Mraz und dem Maler Mirko Virius die Schule von Hlebine. Die fröhlichen Bilder in kräftigen Farben besitzen einen kindlichen Reiz, von dem man sich in der Galerie von Hlebine › **S. 145** oder im Museum für Naive Kunst in Zagreb › **S. 138** verzaubern lassen kann.

Kunst & Kultur

Literatur

Das älteste Dokument in kroatischer Sprache ist eine auf der Insel Krk gefundene Urkunde: Die Tafel von Baška (um 1100) ist in glagolitischer Schrift verfasst, die vermutlich Missionare im 9. Jh. entwickelten, um das Christentum unter der südslawischen Bevölkerung zu verbreiten.

Bis Mitte des 19. Jhs. war Kroatisch die Sprache der Landbevölkerung, während die Städter sich auf Italienisch, Deutsch oder Ungarisch unterhielten. Erst nach und nach wurde die kroatische Sprache, nicht zuletzt dank dem Zagreber Romancier August Šenoa (1838–1881), wieder salonfähig.

In der kroatischen Literatur des 20. Jhs. spielen drei Autoren eine Hauptrolle: Vladimir Nazor (1876–1949) leitete viele seiner Werke aus Mythen seines Landes ab, der Zagreber Miroslav Krleža (1893–1981) tat sich als Erzähler, Lyriker und Dramatiker hervor. Nedjeljko Fabrio aus Split (geb. 1937; »Das Haar der Berenice«) gilt als begabtester zeitgenössischer Autor.

Buchtipp: **Literarisch reisen: Istrien: Gedanken, Phantasien, Erinnerungen zeitgenössischer Autorinnen und Autoren**, Drava Verlag, 2008.

Musik und Tanz

Die reiche Volkskultur Kroatiens ist besonders auf den dalmatinischen Inseln noch sehr lebendig – speziell auf der Insel Korčula, wo der Schwerttanz *moreška* und der Säbeltanz *kumpanija* eine lange Tradition besitzen › **S. 119**. Beim Schwerttanz, in dem zwei Gruppen von Tänzern die türkischen Invasoren und die dalmatinischen Verteidiger darstellen, wird der historische Bezug besonders deutlich. Bei solchen Aufführungen spielen Instrumente wie die gitarrenähnliche *tamburica*, Trommeln und der Dudelsack, Trachten und Gesänge eine tragende Rolle.

Bei Volksfesten und -tänzen trägt man die traditionellen Trachten

Feste & Veranstaltungen

Die Kroaten feiern gern und nutzen jede Gelegenheit zum Volksfest, bei dem es stets reichlich zu essen und zu trinken gibt.

Neben den Folklorefesten und den vorrangig für Touristen organisierten Sommerfestivals finden aber auch zahlreiche ambitioniertere Kulturevents statt. Aktuelle Veranstaltungshinweise nach Region und Destination geordnet findet man auf der Website der Kroatischen Zentrale für Tourismus: www.croatia.hr.

Festkalender

Februar: Karneval von Rijeka mit fröhlichem Umzug.
Juni/Juli: Internationales Kinderfest in Šibenik mit Puppentheater, Theateraufführungen und Filmen. **Tage der Antike** in Pula. **Festival der Unterhaltungsmusik** in Split. **Zagreb-Festival** mit Volksmusik und Folkloretänzen.
Juli/August: Unzählige Feste der Fischer, des Meeres oder der Inseln – kurzum, jeder Küstenort findet einen Anlass, Einheimische und Gäste mit Musik und Tanz, mit Feuerwerk, Spanferkel und reichlich fließendem Wein zu unterhalten. **Sommerfestival** in Osor/Cres mit klassischer Musik. **Sommerfestival** in Split mit Musik, Theater und Ballett. **Musikabende** in St. Donat in Zadar mit klassischer und religiöser Musik. **Dubrovnik-Sommerfestival** mit Kulturprogramm an diversen historischen Spielstätten. **Musikfestival** in Omiš mit den traditionellen *klapa*-Gesängen.
August: Uskoken-Ritterspiele auf einer Freilichtbühne in Sinj. **Schwert- und Säbeltänze** auf Korčula.
Anfang September: Outlook Festival in Pula mit Drum & Bass, Dubstep, Reggae in der Arena und bei Beach- und Boatpartys.

September/Oktober: Barocke Musik erklingt in den Kirchen und Palästen in Varaždin.
Oktober/November: Marunada in Lovran mit Spezialitäten rund um die Kastanie.

Gratis entdecken

- Gleich hinter dem Zugangstor ins Naturschutzgebiet Kamenjak (Auto hier stehen lassen, sonst kostet es Gebühr) geht es zu den vor Jahrmillionen **versteinerten Dinosaurierspuren**. › S. 61
- Es riecht unangenehm, ist aber sehr gesund: **Heilschlamm** mit hohem sulfithaltigem Peloid-Anteil bedeckt den flachen Meeresboden in Pags Stadtteil Lokunja. Einschmieren, trocknen lassen, und die Haut ist wie neu. › S. 81
- Die geheimnisvollen Töne der **Meeresorgel** und die Farbenspiele des **»Gruß an die Sonne«** in Zadar kann man täglich ohne Eintritt genießen. › S. 87

Essen & Trinken

Die kroatische Küche wird oft zu Unrecht auf Čevapčići und Ražnići reduziert. In der Tat bietet sie weitaus Delikateres als Hackfleischröllchen und Fleischspieße.

Die Küche Istriens und Dalmatiens ist mehr von Italien beeinflusst, die Küche Mittelkroatiens hingegen von Österreich und Ungarn.

Vom Restoran zur Konoba

Restoran bzw. *restauracija* kennzeichnet meist Speiselokale der gehobenen Kategorie, ein *riblji restoran* ist ein Fischrestaurant. Eine *konoba* ist ein Gartenlokal oder ein Weinkeller, wo meist deftige Küche, aber auch Fisch vom Holzgrill aufgetischt wird. Weitverbreitet ist die *gostiona* bzw. *gostionica*, ein kleineres familiares Gasthaus, in dem man landestypisch essen und trinken kann. *Kavanas* sind Cafés, ein *bife* ähnelt einem Stehimbiss bzw. Bistro, und eine *slastičarna* ist eine Eisdiele.

Die besten Restaurants

- Beste Fischküche mit innovativem Touch im **Sv. Nikola** an der Uferpromenade von Poreč. › S. 58
- Feine istrisch-italienische Küche mit herrlichem Blick über die kroatische Toskana serviert das **Restaurant des Landhotels San Rocco**. › S. 59
- Das »goldene Fischchen« **Zlatna Ribica** bei Šibenik steht für hervorragende frische Fisch- und Meeresfrüchte-Gerichte. › S. 92
- Frischer Fisch wird im romantischen **Zlatna Školka** in Hvar-Stadt aufgetischt. › S. 115
- Mediterran und romantisch sind Küche und Atmosphäre in Dubrovniks Nobelrestaurant **Atlas Club-Nautika**. › S. 127

Jelovnik – die Speisekarte

Feiner, luftgetrockneter Schinken *(pršut)* und kräftiger Käse aus Schafsmilch von der Insel Pag *(pašji sir)* sind die beiden Standard-Vorspeisen. Beliebt sind auch die Gemüsesuppe *maneštra* und der aus Italien stammende Risotto – mit grünem Spargel, Trüffeln, Pilzen oder Meeresfrüchten angereichert.

Zu diesen Gaumenfreuden aus dem Meer zählen Hummer *(jastog)*, Garnele *(račiči)*, Zahnbrasse *(zubatac)*, Drachenkopf *(skarpin)*, Thunfisch *(tuna)*, Tintenfisch *(lignja)*, Makrele *(skusa)*, Meeräsche *(cipal)*, Goldbrasse *(komarca)* sowie Austern *(ostrige)* und Miesmuscheln *(dagnje)*. Fleisch wird in Istrien gerne als deftiges Gulasch mit Kartoffelklößchen *(njoki)* serviert oder auf Holzkohle gegrillt. In den istrischen Bergstädtchen gibt es im

Herbst viele Wildgerichte, dazu Pfifferlinge, Steinpilze oder Trüffel. Zu Fisch und Fleisch wird häufig Mangold mit Knoblauch gereicht.

In Mittelkroatien wandern Geflügelbraten mit *mlinzi*, einer Beilage aus gebackenem Nudelteig, auf den Festtagstisch. *Paprikaš* ist ein Gulasch aus Schweinefleisch und viel rotem Paprika, Süßwasserfische werden gegrillt oder gedünstet mit Salzkartoffeln serviert. Und als süßen Nachtisch gibt es *palačinke*, Pfannkuchen mit Schokoladen- oder Nussfüllung, und *štrukli*, zuckersüße mit Quark gefüllte Strudelteigtaschen.

Vino und pivo

Opolo, Plavac, Dingač und Postup sind schwere Rotweine, die es in sich haben. Die beiden Letzteren stammen vor allem von der Halbinsel Pelješac › S. 117. Ein herber, erdiger Tropfen ist der rote Teran aus Istrien. An Weißweinen kredenzt man häufig Žlahtina, Posip, Kujundzusa, Grk oder den istrischen Malvazija – als trockener besonders gut zu Fisch, Lamm und Geflügel, süß ein leckerer Dessertwein. Ein feiner Welschriesling ist der slawonische Graševina. Das einheimische Bier *(pivo)* braucht sich hinter ausländischen Sorten nicht zu verstecken.

Shopping

Beliebte Souvenirs sind Lederwaren, Kristall und Porzellan sowie Keramikarbeiten, Spitzendecken und Duftkissen.

Filigranschmuck, der in Läden mit dem Schild »Filigran« oder »Zlatar« angeboten wird, eignet sich ebenfalls als Mitbringsel.

Gourmets schwärmen vom luftgetrockneten Schinken, dem Käse der Insel Pag und den Weinen aus Istrien, Slawonien oder Dalmatien. Auch Zwetschgen- und Kräuterschnaps sind begehrt.

In den Galerien der Künstlerstädtchen Grožnjan › S. 58 und Hlebine › S. 45/145 findet man mit etwas Glück Werke talentierter Maler zu günstigen Preisen.

Die schönsten Märkte

- Jeden ersten Dienstag im Monat feilschen Bauern und Händler aus ganz Istrien beim **Traditionsmarkt Pazinski samanj** in **Pazin**, der hier schon seit 1574 stattfindet. › S. 63
- Es riecht nach Meer in den **Fischhallen des Markts von Rijeka.** Hier landet täglich der frische Fang. › S. 66
- Bewohner von Vis, Brač oder Hvar treffen auf Splitter und die wenigen Touristen, die sich in das Gewimmel von **Splits Fisch- und Markthalle** verirren. › S. 98

Das Amphitheater von Pula – nur eines der zahlreichen kulturellen Highlights in Kroatien

TOP-TOUREN & SEHENS-WERTES

ISTRIEN UND KVARNER BUCHT

Kleine Inspiration

- **Ateliers und Werkstätten besuchen,** die dem mittelalterlichen Künstlerstädtchen Grožnjan seinen Charme verleihen › S. 58
- **Elegant speisen** mit dem istrischen Panorama vor Augen kann man im Landhotel San Rocco › S. 58
- **Einen romantischen Abend verbringen** in der Cocktail- und Champagnerbar Valentino in Rovinj › S. 60
- **Nostalgisch essen und übernachten** im k.-u.-k.-Hotel Miramar in Opatija › S. 65
- **Der Vielfalt von Meeresgetier und Aromen nachspüren** – das kann man herrlich auf dem Fischmarkt von Rijeka › S. 66

Istrien und Kvarner Bucht

Tour 1 | 2

Vielfältig: In Istrien verbindet sich bäuerlich-slawische Kultur mit venezianischem Erbe, Römisches bietet Pula. An der k.-u.-k.-Riviera wird die Habsburger Ära lebendig, Cres, Lošinj, Krk und Rab verführen zum Inselhüpfen.

An der Küste grauweiße Felsbuchten und Kiesstrände, beschattet von Kiefern und eingerahmt vom türkisfarbenen adriatischen Meer, malerische venezianische Hafenstädtchen und die kulturellen Highlights **Poreč** und **Pula**. Im Landesinneren von Wehrmauern gekrönte Hügel, tiefgrüne Reihen von Weinreben und fruchtbare rote Erde: Die tropfenförmige **Halbinsel Istrien** hat sehr unterschiedliche Gesichter und Reize: Badeurlauber finden hier herrliche Buchten, gute Hotelanlagen, bestens ausgestattete Campingplätze – und stets ist ein Ort in der Nähe, dessen Restaurants zum Schlemmen istrischer Spezialitäten einladen. Straßenmärkte und Boutiquen locken zum Einkaufsbummel, und im Sommer sorgen Musikfestivals von Klassik bis Pop für Unterhaltung. Wer das ruhigere, ländliche Leben bevorzugt, kann wenige Kilometer landeinwärts in istrischen Gutshöfen wohnen, Rad- oder Wandertouren unternehmen und die historischen Städtchen und Kirchen erforschen. Zum Meer ist's meist nur ein Katzensprung.

Durch hohe Berge vor kalten Winden geschützt, besitzt der Küstenstrich zwischen Lovran und Opatija, bekannt als **k.-u.-k.-Riviera**, ein besonders mildes Klima und üppige Vegetation. Kastanien, Palmen, Oleander und Steineichen werfen ihre Schatten über die Felsküste mit winzigen Badebuchten. Hier verbrachte Europas Adel Anfang des 20. Jhs. die milden Wintermonate; heute erstrahlen die restaurierten Villen und Hotels in nostalgischem Glanz. Im Hinterland führen schöne Wanderwege durch die Wälder des **Učka-Massivs** und des **Risnjak-Nationalparks**.

Die Riviera gehört bereits zur **Kvarner Bucht,** einem Küstenstreifen, der nach Süden bis Senj reicht und mehrere Inseln mit einschließt. Mildes Klima, glasklares Meer, eine Festlandküste mit flach abfallenden Kiesstränden und die Inseln Cres, Lošinj, Krk und Rab erwarten die Feriengäste. **Crikvenica** und **Novi Vinodolski** auf dem Festland sind leb-

Oben: Brücke zur Insel Krk
Links: Die malerische Altstadt von Rovinj

hafte Badeorte mit historischen Wurzeln. Die Insel **Cres** trägt ein karges Gewand aus Macchia, Wanderwege führen durch die alte Kulturlandschaft. **Lošinj,** das südlich anschließt, ist üppig bewachsen und besitzt geschützte Strände wie die Čikat-Bucht, in der auch kleine Kinder planschen können.

Auch **Krk** ist eine grüne Insel mit zahlreichen Badebuchten und dem beliebten Sand-/Kiesstrand von Baška. Den besonderen Strömungsverhältnissen verdankt **Rab** die einzigen richtigen Sandstrände der Kvarner Bucht. Rabs Wahrzeichen sind die vier hintereinander gestaffelten Kirchtürme.

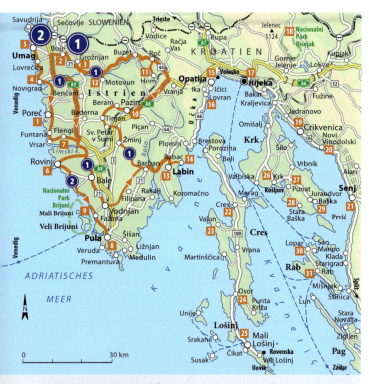

Touren in Istrien und an der Kvarner Bucht

Tour ① Weinberge und Wehrstädtchen: Istriens Binnenland
Buje › Vodnjan › Barban › Rabac › Žminj › Sv. Petar v Šumi › Pazin › Hum › Roč › Buzet › Motovun › Grožnjan › Buje

Tour ② Auf venezianischen Spuren: Istriens Westküste
Umag › Novigrad › Poreč › Rovinj › Fažana › Pula

Karte S. 54 — Tour 1: Weinberge und Wehrstädtchen — **Istrien und Kvarner Bucht**

Touren in der Region

Weinberge und Wehrstädtchen

Route: Buje › Vodnjan › Barban › Rabac › Žminj › Sv. Petar v Šumi › Pazin › Hum › Roč › Buzet › Motovun › Grožnjan › Buje

Karte: Seite 54
Länge: 2 Tage, 215 km
Praktische Hinweise:
- Auch wenn es vorrangig eine Tour im Landesinneren ist, sollten Sie die Badesachen nicht vergessen: Am Ende des ersten Tages geht es an den Strand.

Tour-Start:

Bergauf und bergab durchs istrische Landesinnere führt diese abwechslungsreiche Tour zu Wehrstädtchen, rustikalen Konobas und Weingütern. Von **Buje** 2 › **S. 58** geht es auf der Schnellstraße bis Vodnjan. In der Kirche Sv. Blaž des hübschen Örtchens wird Gruseliges gehütet: Die mumifizierten Leichen dreier Heiliger aus dem 12.–15. Jh. sind die Attraktion des Kirchenschatzes. Kurz vor **Pula** 8 › **S. 61**, zu dem Sie hier einen Abstecher machen können, führt die Tour nach Nordosten in Richtung Labin weiter. Auf schmalen Serpentinen gelangen Sie nach Barban, bekannt für seine mittelalterlichen Ritterspiele im August. Viele Palazzi stammen hier aus dem Barock, in den Kirchen finden sich glagolitische Inschriften. Die erste Tagesetappe kann man mit einem erfrischenden Bad in der **Bucht von Rabac** 14 › **S. 64** beschließen.

Am folgenden Tag ist Žminj mit seiner gut erhaltenen Wehrmauer und gotischen Kapellen erster Anlaufpunkt. Die Straße führt durch Äcker und Weinreben nach Sv. Petar v Šumi, malerisch zwischen den grünen istrischen Hügeln gelegen. Hauptattraktion ist sein stilles Kloster aus der Frührenaissance, die spätbarocke Kirche Sv. Petar besitzt eine reiche Innenausstattung.

Das Kastell von **Pazin** 10 › **S. 62**, einige Kilometer weiter, soll Jules Verne als Vorbild für seinen Roman »Matthias Sandorf« gedient haben. **Hum** 11 › **S. 63** mit seiner beliebten Konoba und Roč sind winzige Weiler mit langer Historie; die »Allee der Glagoliter« zwischen den Orten erinnert mit modernen Skulpturen an die altkroatische Kirchenschrift.

Buzets Altstadt liegt auf einem Hügel am Fuß der Čičarija-Hochebene, Istriens bestem Startpunkt für Paraglider. Zwei Stadttore aus dem 16. Jh. führen ins historische Zentrum mit der Marienkirche, der Loggia, mehreren Adelspalästen und einem Barockbrunnen.

Über Istarske Toplice erreichen Sie **Motovun** 12 › **S. 63** auf einem 277 m hohen Hügel über dem Mirnatal. Letzte Station ist der Künstlerort **Grožnjan** 3 › **S. 58**, bevor Sie nach Buje zurückkehren.

Auf venezianischen Spuren

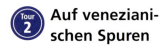

Route: Umag › Novigrad › Poreč › Rovinj › Fažana › Pula

Karte: Seite 54
Länge: 2 Tage, 120 km
Praktische Hinweise:
- Jede Stadt hat ihr besonderes Flair, weshalb man Zeit für einen Stadtbummel ebenso einplanen sollte wie ein, zwei Stunden am Meer zur Erholung zwischendurch.

Tour-Start:

Auf dieser Tour begegnet man immer wieder Küstenstädtchen mit venezianischem Erbe aus der langen Ära der Serenissima in Istrien. Start ist in **Umag** 5 › S. 58 ganz im Norden, dessen Altstadt sich auf einer schmalen Landzunge drängt. Wenige Kilometer südlich liegt **Novigrad** 4 › S. 58 mit einer imposanten venezianischen Stadtmauer. Römer gründeten **Poreč** 1 › S. 57 auf einer Halbinsel, Byzanz schenkte der Stadt eine wunderbare Basilika, Venedig die gotischen Stadthäuser, und bosnischen Zuckerbäckern ist das beste Eis Istriens zu verdanken. Der erste Tag klingt an der Uferpromenade aus. Dinieren können Sie z.B. im schicken Fischrestaurant Sv. Nikola.

An der Küste entlang, vorbei an kleinen Badeorten wie Funtana und Vrsar, geht es am zweiten Tag weiter Richtung Süden bis zum tiefen, schmalen Einschnitt des **Limski kanal** 7 › S. 60. Eine Straße umfährt ihn in einem weiten Bogen landeinwärts und kehrt bei **Rovinj** 6 › S. 59 an die Küste zurück. In den Gassen des venezianischen Musterstädtchens kann man herrlich bummeln. Freeclimber zieht es an die Felsen des venezianischen Steinbruchs am Zlatni Rt.

Über Bale und Vodnjan erreichen Sie erneut die Küste beim hübschen Städtchen **Fažana** › S. 62, von dem aus Sie eine Bootstour auf die Insel **Veli Brijuni** 9 › S. 62 unternehmen können.

Allerdings lockt schon das nahe **Pula** 8 › S. 61 mit seinem römischen Amphitheater, seiner venezianischen Altstadt und seinen Habsburger Festungsanlagen – alle Eroberer haben hier, an der strategisch so wichtigen Südspitze Istriens, ihre Spuren hinterlassen!

Verkehrsmittel

- Es gibt Busverbindungen zwischen den Städten, teils auch auf die Inseln, kleinere Orte werden aber nur selten angefahren (Pläne unter www.autotrans.hr).
- Am bequemsten und unabhängigsten reist man mit dem eigenen Fahrzeug. In der Hochsaison muss allerdings mit Wartezeiten an den Fähranlegern und mit Staus rund um die beliebten Badeorte gerechnet werden.
- Fähren zu den Inseln fahren im Sommer je nach Passagieraufkommen teils ohne Pause. Außerhalb der Saison ist der Fahrplan eingeschränkt, einige Linien fallen ganz weg. Informieren Sie sich vorab auf www.jadrolinija.hr oder bei den Tourismusbüros vor Ort.

Karte S. 54

Istrien und Kvarner Bucht
Poreč

Unterwegs in der Region

Poreč 1 ⭐ [A3]

Der Ortskern der 11 000-Einwohner-Stadt breitet sich auf römischen Fundamenten auf einer Halbinsel aus. Der ehemalige Decumanus, die zum Forum führende Hauptstraße, heißt auch heute noch **Dekumanska ulica** und endet am Forum, dem **Trg Marafor,** wo es noch einige Säulenstümpfe zu bestaunen gibt. Hausfassaden in venezianischer Gotik schmücken den Platz und die Straße, auf der man abends flaniert und das Angebot der Läden begutachtet. In einer Parallelstraße der Dekumanska trifft man auf einen bedeutenden Sakralbaut, der seit 1998 auch zum UNESCO-Weltkulturerbe zählt: Die dreischiffige **Euphrasius-Basilika** ⭐ mit Atrium, Vorhalle und achteckigem Baptisterium stammt aus dem 6. Jh. Hauptattraktion sind die byzantinischen **Mosaike** im Kircheninnern. Golden glänzen sie über der mittleren Apsis; Jesus und die Apostel wachen über Maria mit dem Kinde, und neben der Gottesmutter hat Bischof Euphrasius mit dem Modell seiner Kirche einen Ehrenplatz. Beachtenswert sind die byzantinischen Säulenkapitelle im Schiff (Mo–Fr, Nov.–März 9–16, April–Juni, Sept., Okt. 9–18, Juli, Aug. 9–21 Uhr). **50 Dinge** ㉑ › S. 14.

Info
Tourismusverband
- Zagrebačka 9 | 52440 Poreč
  Tel. 052/45 12 93 | www.myporec.com

Hotels
Grand Hotel Palazzo €€€
❗ Das renovierte k.-u.-k.-Hotel liegt ruhig und zentral, ist sehr komfortabel und begeistert mit herrlichem Meerblick.
- Obala Maršala Tita 24
  Tel. 052/85 88 00
  www.hotel-palazzo.hr

Parentium €€
Komfortables Strandhotel in der Grünen Lagune, großes Sportangebot.
- Zelena Laguna | Tel. 052/41 15 00
  www.lagunaporec.com

Prächtige Mosaike schmücken die Euphrasius-Basilika

Restaurants

Sv. Nikola €€€

❗ Fisch und Meeresfrüchte kreativ istrisch serviert das mehrfach ausgezeichnete Restaurant. Mit Blick auf das Meer.
- Obala M. Tita 23 | Tel. 052/42 30 18
  www.svnikola.com

Konoba Aba €€

Sympathisches familiengeführtes Restaurant, vorzügliche Fischplatte.
- M. Vlacica 2 | Tel. 052/43 86 69

Shopping

Enoteca per Bacco

Delikatessen aus Istrien: Wein, Olivenöl, Honig, Grappa und natürlich Trüffel.
- Trg Slobode 1 | Tel. 052/45 16 00

Nightlife

Saint & Sinner

Die Lounge-Bar ist beliebter Treff zum Aperitif und mutiert nachts zum Klub.
- Obala Maršala Tita 12
  Mobil-Tel. 099/2 21 18 11
  www.saint-sinner.net

Ausflüge von Poreč

Buje ② [A3]

Buje, 47 km nordöstlich von Poreč, liegt wie die meisten istrischen Städtchen auf einer Hügelkuppe mit weitem Blick übers Land. Bei klarem Wetter sieht man bis zur Küste.

Grožnjan ③ [A3]

Ansässige Künstler haben die historische Bausubstanz von Grožnjan, 14 km südöstlich von Buje, vor dem Verfall gerettet. Boutiquen und Galerien im Zentrum laden zum Bummeln und Verweilen ein.

Hotel

Casa romantica la Parenzana €€

Romantisches Landhaus mit angenehmen Gästezimmern. Hilfreiche Tipps und Service für Radfahrer auf der Parenzana. In der urigen Konoba wird original istrische Küche serviert.
- Volpia bb | 52460 Buje
  Tel. 052/77 74 60
  www.parenzana.com.hr

Restaurant

Konoba Bastia €€

Gemütliches Gasthaus mit istrischen Spezialitäten. **50 Dinge** ⑪ › S. 13.
- Svibnja bb 1 | Tel. 052/77 63 70

Novigrad ④ [A3]

Dieser Ausflug lässt sich mit dem nach Buje zu einer interessanten Rundtour verbinden. Novigrad hat sich als einer der wenigen Küstenorte die mittelalterliche, mit Zinnen bewehrte Stadtmauer bewahrt. Beim Bummel durch die schmalen Gassen können Sie die romanische Kirche **St. Pelagius** besuchen und im **Museum Gallerion** Spannendes über die Habsburger k.-u.-k.-Kriegsmarine lernen (Mlinska 1, 52466 Novigrad, www.kuk-marine-museum.net, Mi–Sa, 9–12, April–Mitte Juni auch 14–18, Mitte Juni–Aug. 19–21, Sept., Okt. 15–18 Uhr). **50 Dinge** ㊲ › S. 16.

Umag ⑤ [A3]

In Umag, 15 km nördlich von Novigrad, drängen sich alte Stadthäuser um den Kirchplatz mit einem frei stehenden Campanile (15. Jh.). Berühmt ist Umag für das ATP-Turnier »Croatia Open« im Sommer.

Istrien und Kvarner Bucht

Rovinj

Blick auf das zauberhafte Künstlerörtchen Grožnjan

Hotel
San Rocco €€€
Genießen Sie in dem stilvollen Landhotel den Fernblick bis zur Küste von den gemütlichen Zimmern oder von dem empfehlenswerten Restaurant.
• Srednja ulica 2 | 52474 Brtonigla
Tel. 052/72 50 00 | www.san-rocco.hr

Restaurant
Damir & Ornella €€€
Köstliche istrische Sushi!
• Zidine 5 | Novigrad | Tel. 052/75 81 34

Rovinj   [A3]

Rovinj, ein Juwel der istrischen Küste, ist ein beliebtes Fotomotiv – auch aus der Luft mit Blick auf die konzentrisch verlaufenden Gassen auf der tropfenförmigen Halbinsel um die auf einer Anhöhe thronende Pfarrkirche der **Sv. Euphemia**. Von Rovinjs Wahrzeichen bzw. seinem rund 60 m hohen Glockenturm können Sie das Panorama auf die Stadt und die mit kleinen, grünen Inseln gesprenkelte Küste genießen.

Hauptplatz von Rovinj ist der **Trg Maršala Tita** am Hafen, mit Loggia, Uhrturm, Rathaus und dem Palazzo Califfi, in dem ein kleines Stadtmuseum residiert – alle vom Baustil der Serenissima geprägt. Abends bummelt man die **Grisia-Gasse** entlang, vorbei an Galerien und Ateliers.

Info
Tourismusverband
• Pina Budičina 12 | 52210 Rovinj
Tel. 052/81 15 66 | www.tzgrovinj.hr

Hotels
Villa Tuttorotto €€€
Unweit des Hafens gelegenes, stilvoll möbliertes Hotel mit nostalgischem Flair.
• Dvor Massatto 4 | Tel. 052/81 51 81
www.villatuttorotto.com

Istra €€–€€€
Das Komforthotel auf der vorgelagerten Andreas-Insel lockt mit großzügiger Poollandschaft und schönen Stränden.
• 52210 Rovinj | Tel. 052/80 02 50
www.maistra.hr

Restaurants
Monte €€€
Vom Gault-Millau ausgezeichnete Fischgerichte und Weine (Nov.–Mai geschl.).
• Montalbano 75 | Tel. 052/83 02 03

Balbi €€
Kleines Lokal, zentrale Lage und exzellente Fischküche.
• Trg Matteotti | Tel. 052/81 72 00

Nightlife
Valentino
Korbsessel und Kissen auf Felsen drapiert, dazu Illumination mit Fackeln und Strahlern im Meer, dezenter Jazz, himmlische Cocktails und das Plätschern der Wellen – das Valentino ist die originellste und schönste Café-Bar Kroatiens (Okt.–April geschl.).
• Sv. Križ 28 | Tel. 052/83 06 83

Limski kanal 7 [A3]

In der schmalen, tief ins Land hineinragenden Bucht 13 km nordöstlich werden Austern und Miesmuscheln gezüchtet. Die vielen oberirdischen und unterseeischen Süßwasserquellen schaffen gute Bedingungen für das Leben im Wasser. An Souvenirständen gibt's allerlei Tand, aber auch von den Frauen geklöppelte Spitzen. Ausflugsboote warten auf Gäste, Aktivurlauber können Kanutouren unternehmen.

Restaurant
Fjord €€
Frischer als hier können Muscheln und Austern nicht sein.
• Limski kanal 1 | 52448 Lovreč
Tel. 052/44 82 22

Nicht alltägliches Ambiente im Café Valentino in Rovinj

Pula ⭐ [B3]

Die geschützte Bucht von Pula (70 000 Einw.) war bereits zu Römerzeiten ein so geschätzter Ankerplatz, dass die damaligen Baumeister im 1. Jh. ein Bauwerk für »Brot und Spiele« errichteten: Das **Amphitheater** ⭐, in Pula kurz »Arena« genannt, gehörte zu den fünf größten des Reiches: 23 000 Menschen, die sich an den grausamen Spielen delektierten, fanden im Theater Platz. Heute dient die im Inneren restaurierte Arena als Veranstaltungsort für Opern, Konzerte und das Kroatische Filmfestival; eine Ausstellung im Kellergeschoss widmet sich kulinarischen Genüssen, nämlich der Wein- und Olivenölproduktion (Sommer tgl. 8–22 Uhr, im Winter kürzer).

Um das einstige **Forum** pulsiert das Leben. Säulen und Gemäuer des **Augustustempels** und des **Triumphbogens der Sergier** wurden in spätere Bauten integriert – die Triumphbogen zu Stadttoren umfunktioniert, ein Diana-Tempel vom Renaissancerathaus ummauert.

Das **Archäologische Museum Istriens** (Arheološki Muzej Istre) präsentiert interessante Fundstücke aus Pulas Geschichte (bis auf Weiteres wegen Renovierung geschl., Infos auf www.ami-pula.hr).

Strand- und Ferienzentren um Pula sind die südlich liegenden Orte **Verudela**, **Medulin** und **Premantura** am Eingang zum **Kap Kamenjak**. Letzteres gilt als ❗ einer der besten Spots für Windsurfer (Kurse beim Windsurfing-Zentrum: www.windsurfing.hr) und bietet einen etwa ❗ 600 m langen Dinosaurierpfad.

Der Sergiusbogen in der Altstadt von Pula

Info

Tourismusverband
- Forum 3 | 52100 Pula
  Tel. 052/21 91 97 | www.pulainfo.hr

Hotel

Valsabbion €€€
Herrlich an der Marina Veruda gelegenes Privathotel mit Dachpool. Modernes, stilvolles Design.
- Plješćana uvala IX/26 | Tel. 052/22 29 91
  www.valsabbion.info

Restaurants

Milan €€€
Hotelrestaurant mit schöner Terrasse, erstklassigem Fisch und Seafood, verführerische Mehlspeisen.
- Stoja 4 | Tel. 052/30 02 00
  www.milan1967.hr

Kažun €€
Istrische Spezialitäten wie wilder Spargel, Trüffel, Pršut und Ravioli schmecken hier besonders gut.
- Prekomorskih brigada 31
  Tel. 052/22 31 84

Brijuni-Inseln 9 [B3]

Das rund 7 km nordwestlich von Pula gelegene ruhige Hafenstädtchen **Fažana** mit schattiger Meerespromenade und gemütlichen Cafés und Restaurants ist Hafen der Ausflugsschiffe auf die vorgelagerten Brijuni-Inseln, die bereits von Römern besiedelt wurden. Eine geschützte, recht artenreiche Unterwasserfauna macht die Eilande zu einem beliebten Taucherziel. Ex-Jugoslawiens Präsident Tito empfing auf **Veli Brijuni** gern Staatsbesuche. Die von einigen als Geschenk mitgebrachten Wildtiere, darunter Zebras und Elefanten, leben in einem Park, den Besucher bei der Inselrundfahrt zu sehen bekommen.

Info
Nacionalni Park Brijuni
- 52214 Brijuni | Tel. 052/52 58 88
  www.np-brijuni.hr

Hotel
Villetta Phasiana €€€
Bezauberndes Boutiquehotel unweit der Anlegestelle. Auch das Restaurant ist sehr zu empfehlen.
- Trg Sv. Kuzme i Damjana 1
  52212 Fažana | Tel. 052/52 05 58
  www.villetta-phasiana.hr

Inneres Istrien

Pazin 10 [B3]
Die am Rand der 130 m tiefen Fojba-Schlucht gegründete Stadt ist heute Verwaltungssitz der Halbinsel. Die Burg **Kaštel** aus dem 13./14. Jh. ist mit ihren Wehrgängen und der Zisterne im Innenhof hervorragend erhalten. Begrenzt vom »Höllenloch«, in dem das Flüsschen Pazinčica in der Unterwelt des Karstes verschwindet, war die Festung in der Vergangenheit praktisch uneinnehmbar. **50 Dinge** ② › S. 12.

Zebras im Safaripark auf der Nordspitze von Veli Brijuni

Das **Etnografski muzej Istre** in der Burg zeigt Hausrat, Trachten und Bautraditionen der Region (Di–So 10 bis 15 Uhr, www.emi.hr). Jeden ersten Dienstag im Monat gibt es einen ! traditionellen Markt.

6 km nordwestlich, bei **Beram,** trifft man auf ein künstlerisches Kleinod: die eigenwillige Kirche **Sv. Marija na Škriljinah,** berühmt für ihre gotischen Wandfresken mit dem Motiv des »Totentanzes« › S. 45. Das 1474 entstandene Werk zeigt Arm und Reich Hand in Hand mit Gevatter Tod. **50 Dinge** ㉒ › S. 15. Den Schlüssel bekommt man in Beram (Haus Nr. 38, 52000 Beram, Tel. 052/62 60 16).

Info
Tourismusverband
- Ulica Franine i Jurine 14
  52000 Pazin | Tel. 052/62 24 60
  www.central-istria.com

Hum ⓫ [B3]
Die kleinste Stadt der Welt liegt 30 km nordöstlich von Pazin. Trotzig wählen deren 21 Einwohner jedes Jahr im Juni einen Bürgermeister und feiern diesen Anlass. Eng aneinandergebaut bilden die Häuser des äußeren Siedlungsringes einen eindrucksvollen Befestigungswall mit Stadtmauer und Türmen, der auf das 11. Jh. zurückgeht.

Restaurant
Humska Konoba €€
Istrische Hausmannskost, im Herbst Trüffel und hausgebrannte Schnäpse.
- 52425 Hum 2 | Tel. 052/66 00 05
  www.hum.hr

Konoba beim Trüffelort Motovun

Motovun ⓬ [B3]
Das Bergstädtchen besitzt gleich zwei Befestigungsringe, die unter der Schutzmacht Venedig im 13./14. und 16./17. Jh. errichtet wurden. Im Ortskern überragen ein kleines Hotel, das im ehemaligen Kastell residiert, sowie der romanische Campanile der Kirche Sv. Stjepana den Hauptplatz Trg Andrea Antico. Von hier können Sie Motovun auf dem inneren Mauerring umrunden. In den Eichenwäldern zu Füßen des Hügels werden weiße Trüffeln von Hunden aufgestöbert. Die aromatische Knolle verfeinert hier fast jedes Gericht, weshalb ein Essen den krönenden Abschluss bildet:

Restaurants
Zigante €€€
Livade, am gegenüberliegenden Mirna-Ufer, ist »die« Gourmet-Adresse Istriens, vor allem im Herbst, wenn im Restaurant weiße Trüffeln serviert und im Laden von Zigante Tartufi verkauft werden. **50 Dinge** ㉜ › S. 16.
- 52427 Livade 7 | Tel. 052/77 74 09
  www.zigantetartufi.com

Palladio €€

Istrische Spezialitäten, serviert auf der Terrasse des Hotels Kaštel mit herrlichem Blick über die Hügel unter einem hundertjährigen Maulbeerbaum.
- Trg Andrea Antico 7 | 52424 Motovun
  Tel. 052/68 16 07
  www.hotel-kastel-motovun.hr

Kvarner Bucht

Labin 13 [B3]

Labin thront 320 m hoch über der Bucht von Rabac. Schmale, steile Gassen führen durchs Stadttor zur **Kirche Mariä Geburt** (Majke božje), die zwischen dem 11. und 16. Jh. errichtet wurde. Ein 33 m hoher Glockenturm (1623) markiert den Standort der ersten Kirche von Labin. Die **Piazza Fortica** bietet das bezaubernde Panorama der istrischen »Toskana«. Wer sich für junge Kunst interessiert, wird in den Galerien der malerischen Altstadt sicherlich fündig.

Rabac 14 [B3]

Unterhalb von Labin drängen sich in steilen Terrassen Ferienhäuser und Hotels an der Bucht von Rabac. Der malerischen Lage mit Blick auf die Insel Cres wegen avancierte der Ort schon früh zu einem lebhaften Seebad. Beliebt sind die mit Strandkiefern bewachsenen Badebuchten auf der Halbinsel Sv. Andrija.

Info

Tourismusverband
- Aldo Negri 20 | 52220 Labin
  Tel. 052/85 55 60
  www.rabac-labin.com

Hotel

Family Life Bellevue €€

Das neue all-inclusive-Hotel an der Bucht von Rabac hat sich ganz den Bedürfnissen von Familien verschrieben.
- Rabac bb | Tel. 052 46 50 00
  www.valamar.com

Restaurants

Villa Annette €€€

Elegant konzipierte Zimmer und istrisches Slow Food nach alten Rezepten, im Sommer im Olivenhain serviert.
- Raška 24 | Rabac | Tel. 052/88 42 22
  www.villa-annette.com

Velo Kafe €€

Im Keller isst man in einer rustikalen Kneipe, oben ist's heller und schicker. Gute istrische Küche.
- Trg Maršala Tita 6 | Labin
  Tel. 052/85 27 45

Opatija 15 [B3]

Opatija vermittelt wieder jenen Charme, der um die Wende vom 19. zum 20. Jh. die gekrönten Häupter Europas an der Kvarner Bucht versammelte. Die hübschen Hotels und Villen dieser Epoche sind in frischen Farben restauriert, im Kurpark der **Villa Angolina** wandelt man unter gepflegten Platanen.

Ein 12 km langer Spazierweg führt entlang der recht nostalgischen **k.-u.-k.-Riviera** ★ vom Fischerort **Volosko** östlich von Opatija bis ins westlich gelegene Lovran. Die gesunde Seeluft der **Uferpromenade** genossen bereits Kaiser, Fürsten und Literaten der k.-u.-k.-Zeit, als Abbazia zum liebsten Kurbad der Habsburger avancierte.

Opatija besitzt nach wie vor nostalgischen k.-u.-k.-Charme

Info

Tourismusverband
- Maršala Tita 128 | 51410 Opatija
  Tel. 051/27 13 10
  www.visitopatija.com

Hotels

Miramar €€

Komfortable Zimmer, eine fantastische Küche und ein breitgefächertes Kurs- und Unterhaltungsprogramm tragen zum zauberhaften k.-u.-k.-Charme dieses Hauses bei.
- Ive Kaline 11 | Tel. 051/28 00 00
  www.hotel-miramar.info

Palace Bellevue €€

Das historische, schön renovierte Haus mit 209 Zimmern und Suiten steht im Zentrum und bietet einen herrlichen Blick aufs Meer. Wassersportmöglichkeiten, Pool, Restaurants und Cafés.
- Maršala Tita 144/148
  Tel. 051/71 04 44 | www.remisens.com

Restaurants

Plavi Podrum €€

Hervorragendes Fischrestaurant am Hafenbecken von Volosko mit einer guten Auswahl kroatischer Weine.
- 51410 Volosko
  Tel. 051/70 12 23

Stancija Kovačići €€

Das Restaurant liegt ein wenig außerhalb in Matulji, lohnt aber den Weg, denn es wird traditionell und sehr geschmackvoll gekocht. Auch hübsche Gästezimmer.
- Rukavac 51 | Tel. 051 27 21 06
  www.stancija-kovacici.hr

Lovran 16 [B3]

Der von dichten Kastanienwäldern umgebene Badeort Lovran ist mit seinen z. T. hervorragend restaurierten Villen des Jugendstils und Klassizismus ein Paradebeispiel für die k.-u.-k.-Epoche an der Riviera.

Der Altstadtkern mit schönen Häusern des 17./18. Jhs. ist gut erhalten. Im teils noch von der alten Stadtmauer umschlossenen Zentrum führen Gassen auf den Hauptplatz zu. Hier erhebt sich die gotische St. Georgskirche, deren Fundamente aus dem 12. Jh. stammen.

Anfang Okt. feiert man in Lovran die Marunada mit Köstlichkeiten aus Esskastanien, Wein und Musik.

Info
Tourismusverband
- Trg Slobode 1 | 51415 Lovran
  Tel. 051/29 17 40 | www.tz-lovran.hr

Restaurant
Najade €€€
Das Restaurant am Meer ist regional bekannt für seine Fischküche.
- Šet. Maršala Tita 69 | Tel. 051/29 18 66

Rijeka 17 [B3]
Busbahnhof und Fährhafen prägen die dem Meer zugewandte Seite der Hafenstadt (128 000 Einw.), ca. 10 km östlich von Opatija. Ein paar Querstraßen landeinwärts dann das andere, historische Rijeka: Auf der verkehrsberuhigten Flaniermeile **Korzo** zwischen dem Beogradski trg und dem Togliatti-Platz haben sich Einheimische Zeitung lesend in Straßencafés niedergelassen, während Touristen die Skulpturen von Kaiser Leopold I. und Karl VI. auf dem zierlichen **Stadtturm** (Gradski toranj) bewundern. In den Gassen dahinter stehen noch das römische Stadttor **Stara vrata** und die Barockkirche **Sveti Vid**, die heute als Kathedrale der Sitz des Erzbischofs ist.

Sehenswert sind die ❗ berühmten Markthallen, Velika tržnica, an der Ulica Ivana Zajca. Besonders lebhaft ist die südlichste Halle, die den Fischhändlern in den Vormittagsstunden vorbehalten ist. Eine Grünanlage trennt den Markt vom 1885 eröffneten klassizistischen **Nationaltheater Ivan Zajc**. Zajc war ein bedeutender kroatischer Komponist, ein Denkmal erinnert an ihn. **50 Dinge ㉓ › S. 15.**

Info
Tourist Info Center
- Korzo 14 | 51000 Rijeka
  Tel. 051/33 58 82 | www.visitrijeka.eu

Verkehr
Fährverbindungen: Pomorski Terminal, Riva Boduli. Infos bei Jadrolinija › S. 29. Fährschiffe nach Cres, Rab, Pag, Mali Lošinj.

Hotel
Continental €€
Imposantes Hotelgebäude von 1888 im Stadtzentrum. Mit Restaurant.
- Šetalište Andrije Kačića Miošića 1
  Tel. 051/37 20 08
  www.jadran-hoteli.hr/continental

Restaurants
Feral €€
Berühmt für seine Fischküche.
- Matje Gupca 5
  Tel. 051/21 22 74
  www.konoba-feral.com

Taverna Mornar €
Hier, unweit vom Hafen, essen die Einheimischen. **50 Dinge ⑬ › S. 13.**
- Riva Boduli 5a | Tel. 051/31 22 22

Karte S. 54

Istrien und Kvarner Bucht Kvarner Bucht

Ein buntes Treiben herrscht vormittags in der Fischmarkthalle von Rijeka

Ausflug in den Risnjak-Nationalpark 18 [B2]

Nach 60 km Anfahrt von Opatija bzw. 50 km von Rijeka erreicht man bei **Crni Lug** den Eingang zum Nationalpark am Oberlauf des Flusses Kupa und dem dicht bewaldeten Gebirgszug um die Gipfel Veliki Risnjak (1528 m) und Snježnik (1506 m). ! Zahlreiche Wanderwege erschließen die majestätische Waldlandschaft, in der auch noch Braunbären, Luchse und Wölfe leben, die man jedoch meist nicht zu Gesicht bekommt. Beliebt sind der Aufstieg zum **Veliki Risnjak** von Crni Lug aus (6 Std.) sowie die 30-minütige Wanderung vom Dorf Razloge zur **Kupa-Quelle,** die man auch in die Kupa-Auen ausdehnen kann.

Info
Nacionalni park Risnjak
- Bijela vodica 48 | 51317 Crni Lug
  Tel. 051/83 61 33 | www.risnjak.hr

Crikvenica 19 [C3]

Eingerahmt von Gebirgszügen und dadurch vor der Bora geschützt, besitzt Crikvenica ein ideales Klima für den Bade- und Kururlaub; bereits 1888 eröffnete hier das erste Hotel an dem weit geschwungenen und von Palmen gesäumten Sand-/Kiesstrand. Restaurants und Cafés drängeln sich entlang der Meerespromenade. Längst ist Crikvenica mit der Nachbargemeinde **Selce** zusammengewachsen. Aus der Herrschaftszeit der Frankopanen von Krk (15. Jh.) sind noch die namensgebende Kirche *(crkva)* und das Kastell erhalten (heute Hotel). Ein Aquarium informiert über die heimische Unterwasserwelt.

Info
Tourismusverband
- Trg Stjepana Radića 1
  51260 Crikvenica | Tel. 051/24 10 51
  www.rivieracrikvenica.com

Hotel
Kvarner Palace €€
Der neu renovierte, nostalgische Hotelpalast bietet allen erdenklichen Komfort, ein feines, ambitioniertes Spezialitätenrestaurant und ein traumhaftes Wellnesscenter mit Indoor-Pool und mehreren Saunen (Winter geschl.).
- Brace Buchoffer 12 | Tel. 051/38 00 00
  www.kvarnerpalace.info

Restaurants
Galija €€
Moderne Bistro-Küche mit Pizzen, Salaten, Bruschette und feinen Hauptgerichten – eine angenehme Abwechslung zum Standardangebot der meisten Restaurants.
- Gajevo Šet. 1 | Tel. 051/78 47 10
  http://galija-crikvenica.hr

Konoba Trabakul €€
In der urig eingerichteten Kneipe wird nach alten Traditionsrezepten gekocht, und natürlich kommt vieles vom Holzkohlengrill. Deftig, aber lecker!
- Strossmayerovo šetalište 10
  Tel. 051/24 36 95

Novi Vinodolski [20] [C3]
Der Badeort, 13 km südlich von Crikvenica, war Mittelpunkt des Fürstentums der Frankopanen, das die Region vom 13. bis 19. Jh. beherrschte. Kastell und Pfarrkirche erinnern an die historische Bedeutung, das Regionalmuseum zeigt eine Kopie des *Vinodolski zakonik*: Die Gesetzessammlung regelte im 13. Jh. das Verhältnis von Adel und Abhängigen und ist eine der ältesten demokratischen Verfassungen weltweit (Trg Vinodolskog zakona 1, 51250 Novi Vinodolski, im Sommer Mo–Fr 9–12, 19–21, So 9–12 Uhr).

Senj [21] [C3]
24 km weiter nach Süden erblickt man schon von Weitem die Burg von Senj. Bereits die Römer hatten erkannt, dass das Hinterland von dort über einen Richtung Plitwitzer Seen führenden Bergpass relativ einfach zu erreichen war. So musste sich die Stadt jahrhundertelang hinter einer mächtigen Stadtmauer verschanzen und gegen Eindringlinge wehren. Zu den Resten der Verteidigungsanlagen gehört die **Burg Nehaj**. Das Wahrzeichen Senjs wurde im ausgehenden 16. Jh. auf einer Anhöhe errichtet, heute stellt hier ein Museum alte Waffen und Trachten aus (Ogrizovićeva 5, Mai–Okt. tgl. 10–18, Juli/Aug. bis 21 Uhr).

Kvarner Inseln
Die vier großen Inseln im Kvarner Golf, Cres, Lošinj, Krk und Rab, sind äußerst beliebte Urlaubsziele – jede mit ihrem eigenen Charme.

Insel Cres
Von Nord nach Süd wechselnde Landschaften, durch die sich ein Bergkamm schnurgerade bis zum Hauptort zieht, sowie idyllische Orte und Buchten erwarten den Urlauber auf der schmalen, karstigen Insel Cres. Zwischen dem istrischen Brestova und Porozina verkehren Fähren (Hauptsaison viertelstündlich, sonst stündlich).

Die malerische Stadt **Cres** [22] [B3] säumt mit ihren alten Kapitänshäusern ein kleines Hafenbecken. Um dieses pulsiert das Leben, Cafés und Läden sind besonders am späten Nachmittag gut besucht.

In **Valun** 23 **[B3]** an der Südwestseite der gleichnamigen Bucht bewahrt die Gemeindekirche eine wertvolle Steintafel auf: die *Valunska ploča* mit eingemeißelten glagolitischen Schriftzeichen aus dem 11. Jh. Sie zählt mit der »Tafel von Baška« › **S. 73** zu den ältesten Zeugnissen der altkroatischen Schrift. Hier, an der Westküste in Richtung Osor, finden sich kleine Kiesstrände, die zum Baden einladen.

Osor 24 **[B4]** liegt ganz im Süden von Cres und ist berühmt für die Musikabende im Juli und August (Infos: www.osorfestival.eu). Bis ins 15. Jh. hinein war das Städtchen ein bedeutender Hafen und Warenumschlagplatz; die reichen Bürger konnten sich deshalb auch ein repräsentables Rathaus, ein Bischofspalais und eine gotische Kathedrale leisten. Moderne Skulpturen fügen sich harmonisch in das mittelalterliche Stadtbild von Osor ein.

Cres bietet traumhafte Buchten

Info

Tourismusverband
- Cons 10 | 51557 Cres-Stadt
  Tel. 051/57 15 35 | www.tzg-cres.hr

Hotel

Kimen €€
Familienfreundliche Anlage direkt an einer Badebucht. Ein Teil der Zimmer ist modernisiert. Kostenloses WLAN.
- Melin I/16 | Cres-Stadt
  Tel. 051/57 33 05
  www.hotel-kimen.com

Restaurants

Konoba Bonifačić €€
Die gemütliche Konoba liegt in der Altstadt und verwöhnt mit alten Rezepten aus der Gegend um die Kvarner Bucht.
- Osor | 51554 Nerezine
  Tel. 051/23 74 13 | www.jazon.hr

Konoba Toš €€
Schattige Terrasse an der Bucht von Valun, auf der Sie Lamm, Fisch und köstlichen Wein genießen können.
- Valun bb Juna | Tel. 051/52 50 84

Aktivitäten

Diving Cres
Die deutschsprachige Tauchschule bietet von April–Okt. Tauchkurse und -exkursionen an, Ausrüstung kann man leihen.
- Autocamp Kovačine
  Tel. 051/57 17 06 | www.divingcres.de

Insel Lošinj 25 [B4]

Von Osor im Süden der Insel Cres führt eine Drehbrücke nach Lošinj, dessen dichte Kiefern- und Pinienwälder für sattes Inselgrün und aromatische Luft sorgen. Den Mittelpunkt der Inselhauptstadt **Mali Lošinj** bildet das von Restaurants und Cafés gesäumte Hafenbecken am Ende einer schmalen Bucht. Hauptattraktion ist ein nahezu unbeschädigt aus dem Meer geborgener, antiker Bronzejüngling, der Apoksiomen. Im eigens ausgebauten Museum präsentiert ihn die Stadt stolz der Öffentlichkeit (Riva lošinjskih kapetana 13, www.muzej apoksiomena.hr, Di–So 10–18 Uhr).

Ruhiger geht es am Kiesstrand der **Čikat-Bucht** zu und im 4 km entfernten **Veli Lošinj**. Aus dem Städtchen stammten viele Kapitäne, die sich nach abenteuerlichem Seefahrerleben in den heute noch erhaltenen, hübschen Villen zur Ruhe setzten. Malerisch gruppieren sich um das Hafenbecken alte Häuser, in denen Geschäfte, Cafés und Restaurants locken. Hübsch auch die angrenzende Bucht von **Rovenska**.

Info
Tourismusverband
- Riva Lošinjskih kapetana 29
  51550 Mali Lošinj | Tel. 051/23 18 84
  www.tz-malilosinj.hr

SEITENBLICK

Geier und Delfine

Ob und wie viel der Staat zum Schutz von Umwelt und bedrohter Arten unternimmt, ist ein strittiges Thema in Kroatien. Tatsächlich scheinen es eher Privatinitiativen zu sein, die engagierte Umwelt- und Tierschutzarbeit leisten. Eine war **Caput Insulae** bei dem Dörfchen Beli auf Cres. Sie kümmerte sich um verletzte Gänsegeier, von denen es auf der Insel nicht mehr viele gibt, und wilderten die Vögel wieder aus. 2013 hat die Gruppe Cres verlassen und setzt ihre Arbeit unter dem Namen **Grifon Centar** im Velebit-Gebirge unweit von Senj fort. Besucher können dort die betreuten Tiere in ihren Voileren beobachten und sich über die Arbeit des Projekts informieren.

Das Engagement von **Plavi Svijet** in Veli Lošinj gilt den Delfinen in der Adria und speziell im Schutzgebiet um Cres und Lošinj. Der Bestand wird beobachtet, neue Sichtungen verzeichnet, die Bevölkerung zur Rücksicht auf die Meeressäuger erzogen, und es werden Adoptionen von Delfinen vermittelt. Das Zentrum finden Sie in Veli Lošinj.

Grifon – Birds Conservation Center [C3]
- 53270 Senj, 15 km südlich von Senj an der E65 | Mobil-Tel. 091/3 35 71 23
  www.supovi.hr | Mai–Sept. 11–18 Uhr

Plavi Svijet [B4]
- Kaštel 24 | 51551 Veli Lošinj | Tel. 051/60 46 66 | www.blue-world.org

Karte S. 54

Istrien und
Kvarner Inseln **Kvarner Bucht**

Hotels

Apoksiomen €€€
In diesem modern-komfortablen Haus logieren Gäste direkt an der Promenade.
- Riva Lošinjskih kapetana 1
  Mali Lošinj | Tel. 051/52 08 20
  www.apoksiomen.com

Wellnesshotel Aurora €€€
Das moderne Hotel an der Sonnenbucht verwöhnt die Gäste in seinem Wellnesscenter nach allen Regeln der Kunst.
- Sunčana uvala 4 | Mali Lošinj
  Tel. 051/66 72 00 | www.losinj-hotels.eu

Pjacal €
Zauberhaftes B&B, ruhig, fantastisches Frühstücksbüfett im Innenhof.
- Kastel 3 | 51551 Veli Lošinj
  Tel. 051/23 62 44 | www.losinj-hotels.eu

Restaurants

Baracuda €€
Nettes, lebhaftes Fischrestaurant am Hafen.
- Priko 31 | Mali Lošinj
  Tel. 051/23 33 09

Konoba Corrado €€
Die gemütliche Konoba liegt nicht direkt am Meer und ist deshalb weniger touristisch, dafür aber umso authentischer. Gute Grillgerichte!
- Svete Marije 1 | Mali Lošinj
  Tel. 051/23 24 87

Aktivitäten

Sunbird
Deutschsprachige Surf- und Katschule in der Čikat-Bucht, mit Fahrradverleih.
- Čikat | Mali Lošinj
  Mobil-Tel. 095/8 37 71 42
  www.sunbird.de

Das malerische Veli Lošinj

Insel Krk ★

Krk zählt mit seinen weitläufigen Kiesstränden und kleinen Felsbuchten zu den beliebtesten Badeinseln Kroatiens und ist bequem über eine fast 1,5 km lange mautpflichtige Brücke (Krčki most) vom Festland aus erreichbar. Zwischen Merag/Cres und Valbiska/Krk schippern in der Hochsaison die Fähren im Dauerbetrieb hin und her, in ruhigeren Monaten starten die Schiffe meist stündlich.

Krk-Stadt 26 [B3]

Vom Meer aus wirkt die Stadt wie ein Theater, denn die Häuser staffeln sich vom Hauptplatz **Vela placa** steil die Hügel hinauf. Wo früher das römische Forum lag, findet man heute alles, was zu einem venezianischen Verwaltungszentrum gehörte: Loggia, Uhrturm und steinerner Brunnen.

Sehenswert ist die **Kathedrale,** deren drei Schiffe römische Säulen tragen (Zutritt durch Sv. Kvirin). Nebenan verbirgt sich in der aus zwei Etagen bestehenden Kirche **Sv. Kvirin** ein schlichter, romanischer Kirchenraum, darüber ein **Museum sakraler Kunst**. Höhepunkt der Ausstellung ist ein vergoldetes Altarretabel aus dem 15. Jh. (tgl. 9.30 bis 13 Uhr, Winter geschl.).

Info
Tourismusverband
- Vela placa 1 | 51500 Krk
  Tel. 051/22 14 14 | www.tz-krk.hr

Tourist Info Center
- Obala hrvatske mornarice bb
  Tel. 051/22 02 26 (nur im Sommer)

Hotel
Koralj Romantic Hotel €€
Attraktiv gestaltetes Hotel am Strand; ca. 10 Gehminuten zur Altstadt.
- Vlade Tomašića bb | Krk
  Tel. 051/65 50 00 | www.valamar.com

Restaurant
Konoba Corsaro €€
Rustikal eingerichtete Konoba; Spezialität: Šurlice Casanova, Kvarner Nudeln mit Trüffeln und Speck.
- Obala hrvatske mornarice 2
  Krk | Tel. 098/25 82 31
  www.konoba-corsaro.com

Shopping
Zlatna Žlahtina
Im 6 km entfernten Vrbnik wird einer der besten Weißweine Kroatiens gekeltert: Hier kann man den gleichnamigen Wein verkosten und natürlich erwerben.
- Namori 2 | 51516 Vrbnik
  Tel. 051/85 71 01

Punat 27 ★ [B3]
Punat liegt an einer runden, zum Meer hin fast völlig abgeschlossenen Bucht, in der sich heute auch eine große Marina ausbreitet. Gesäumt ist die Bucht von schönen Sandstränden. Auf dem vorgelagerten Klosterinselchen **Košljun** leben seit dem 12. Jh. Mönche; das Kloster wartet mit einem Botanischen Garten und einer mit wertvollen Schriften gefüllten Bibliothek auf (April–Okt., Mo–Sa 9.30–17, So 10.30–12.30, Winter Mo–Sa 9.30 bis 15, So 10.30–12.30 Uhr). Ausflugs- und Taxiboote verkehren im Sommer regelmäßig von Punats Hafen auf die Insel.

Hotel
Kanajt €€
❗ Das charmante Hotel ist ganz auf Skipper-Bedürfnisse eingestellt. Es ist maritim eingerichtet, bietet aktuelle Wettervorhersagen online, und abends ist super Stimmung im Restaurant.
- Kanajt 5 | 51521 Punat
  Tel. 051/65 43 40 | www.kanajt.hr

Stara Baška 28 [C3]
Im 12 km entfernten Ort findet man einsame Buchten mit Kiesstränden und einfache Restaurants.

Restaurant
Nadia €
Nettes Restaurant direkt am Hafen. Serviert werden gute Fisch- und Fleischgerichte, für Übernachtungsgäste gibt es einige hübsche Zimmer. Geöffnet von Ostern bis Okt.
- Stara Baška 253 | 51521 Stara Baška
  Tel. 051/84 46 63 | www.nadia.hr

Istrien und Kvarner Bucht

Kvarner Inseln

Karte S. 54

Die Häuser von Vrbnik auf Krk gruppieren sich rund um den alten Kirchturm

Aktivitäten

Euro Dive
Die deutschsprachig geführte Tauchbasis bietet Pakete in Kooperation mit der Pension Nadia gleich nebenan an › **S. 72**.
• Stara Baška 253 | 51521 Stara Baška
Tel. 051/84 46 63
www.euro-divers.com

Baška 29 [C3]

Baška ist wie Krk ein altes Inselstädtchen, nur sieht man davon auf den ersten Blick nicht viel, denn Hotels, Ferienhäuser, Restaurants und Stände bestimmen den hübschen Ortskern. Der Grund für diese Beliebtheit ist schnell gefunden: Der lange Strand von Baška besteht aus feinem Kies, stellenweise auch aus angeschüttetem Sand, was Familien mit kleinen Kindern anlockt.

In dem 2 km nordwestlich von Baška gelegenen **Jurandvor** wird im Kirchlein Sv. Lucija (11./12. Jh.) eine Kopie der berühmten »Tafel von Baška« aufbewahrt, eine Steintafel mit glagolitischer Inschrift › **S. 46**. Das wertvolle Original hütet die Akademie der Künste und Wissenschaften in Zagreb.

Info
Tourismusverband
- Ul. Kralja Zvonomira 114 | 51523 Baška
  Tel. 051/85 68 17 | www.tz-baska.hr

Hotel
Zvonimir €€€
Das direkt am Strand gelegene Komforthotel verwöhnt Gäste mit Pool und schickem Wellnesscenter. Unter den Häusern am Strand von Baška konkurrenzlos die Nummer eins.
- Baška | Tel. 051/65 62 23
  www.hotelibaska.hr

Restaurant
Cicibela €€
Aromatisch gewürzte Grillgerichte an der Uferpromenade.
- Emila Geistlicha | Baška
  Tel. 051/85 60 13 | www.cicibela.hr

Insel Rab

Ihre landschaftlichen Kontraste mit einer eher kargen Ostseite und einer üppig grünen Westseite, gesäumt von herrlichen Buchten mit kristallklarem Meer, machen die Reize der Insel Rab aus. Fähren pendeln ab Stinica bzw. von Krk aus ab dem Hafen von Valbiska. Von dort tuckert das Schiff zwischen kahl geschliffenen Felsbuckeln in die Bucht von Lopar (Fahrplan www.jadrolinija.hr).

Lopar 30 [C3]
Der Ort besitzt einen der berühmtesten Strände der Kvarner Bucht, denn hier, am Sandstrand **San Marino,** sollen zu Beginn des 20. Jhs. das erste Mal in Kroatien alle Hüllen gefallen sein. Nackt liegt heute niemand mehr an der Bucht, FKK findet auf Rab an einsamen Buchten und nicht vor den Augen der Öffentlichkeit statt.

Rab-Stadt 31 [C3]
Rab ist eine der schönsten Städte der kroatischen Adria. Wie ein Schiffsbug schiebt sich die Altstadt auf einer schmalen Landzunge ins Meer, Kirchtürme stechen wie warnende Finger hintereinander ins Himmelsblau.

Zu Füßen dieses viel fotografierten Panoramas liegen drei geschäftige Straßen, in denen es nur mittags etwas ruhiger wird. In der Srednja ulica residiert ein Café in der ehemaligen Stadtloggia. Hier kann man stundenlang sitzen und dem Treiben in den Gassen zusehen. Eine kühle Oase ist der **Park Komrčar** mit teils uralten, exotischen Bäumen.

Info
Tourismusverband
- Trg municipium arba | 51280 Rab
  Tel. 051/72 40 64 | www.rab-visit.com

Hotels
Arbiana Hotel €€€
Stilvoll restauriertes Stadtpalais am Hafen, mit Antiquitäten eingerichtete Zimmer und ein exquisites Restaurant.
- Obala Kralja Krešimira 12 | Rab
  Tel. 051/72 55 63
  www.arbianahotel.com

Epario €€
Familiengeführtes Mittelklassehotel nicht weit von Lopars Sandbucht.
- Lopar 463 | Tel. 051 77 75 00
  www.epario.net

Karte
S. 54

Kvarner Inseln

**Istrien und
Kvarner Bucht**

Wie ein Schiffsbug ragt die Altstadt von Rab ins blaue Meer

Istra €€
Freundliches Stadthotel zwischen Hafen und dem Park Komrčar. In der Hochsaison kann es allerdings auf der Hafenpromenade recht laut werden.
• M. de Dominisa bb | Rab
Tel. 051/72 41 34 | www.hotel-istra.hr

Restaurants
Ana €€
Das Restaurant liegt im neueren Stadtteil und begeistert durch sehr untouristische, qualitativ hochwertige Gerichte zu moderaten Preisen. Auch Pizza im Angebot.
• Palit 80 | Rab
Tel. 051 72 43 76

Santa Marija €€
Edel-Konoba in der Altstadt, berühmt für ihre ausgezeichneten Fischgerichte.
• Dinka Dokule 6 | Rab
Tel. 051/72 41 96

Velum €€
Modernes Design und gute mediterrane Küche zeichnen dieses Restaurant im Geschäftszentrum Palit aus.
• Palit 71 | Rab | Tel. 051/77 48 55

Nightlife
San Antonio Club
Café-Bar und nachts ein beliebter Klub mit Partyzone und Live-Events.
• Trg Municipium Arba 4 | Rab
Tel. 051/72 41 45
www.sanantonio-club.com

Shopping
Natura Rab
Naturprodukte vom Erzeuger, besonders der Honig ist köstlich. Der Familienbetrieb hat auch eine Verkaufsstelle im Rektorenpalast am Trg Municipium Arba in Rab-Stadt.
• Barbat | Rab | Tel. 051/72 19 27
www.natura-rab.hr

NORD-DALMATIEN

Kleine Inspiration

- **Eine Nacht an Pags Partystrand Zrće** – für feierlustige Youngsters das Nonplusultra › S. 82
- **Die bewegte Geschichte Kroatiens sinnlich erfahren** bei einem Besuch im Archäologischen Museum von Zadar › S. 85
- **Den Fischern zusehen,** die morgens ihren Fang gleich an der Markthalle von Trogir entladen – ein malerisches Spektakel › S. 94
- **Stilvoll Kaffee trinken im römischen Kaiserpalast** in Split › S. 97

Karte S. 79

Tour 3 | 4 **Norddalmatien**

Kontraste: Zadar, Šibenik, Trogir und Split bieten kulturelle Highlights, die Nationalparks Plitwitzer Seen, Paklenica, Kornaten und Krka ungezähmte Natur. Beach-Partys locken auf Pag, einsame Badebuchten auf Vis.

Norddalmatien ist die Region der schmalen Wasserstraßen, der hintereinander gestaffelten Festlands- und Inselgebirge. Nirgendwo an der kroatischen Adria wird so deutlich, dass die dalmatinischen Inseln nur überflutete Bergketten sind, deren Täler unter dem Meer verschwunden sind. Die steilen Hänge des **Velebit** begleiten die Küstenlinie und schützen sie vor Festlandswinden; zu ihren Füßen drängen sich Städtchen und Dörfer an winzige Buchten. Hier locken nicht so sehr das Meer, vielmehr die schroffe Karstlandschaft wie im **Nationalpark Paklenica,** in dem Freeclimber um die Wette klettern. Zum Baden lädt die schmale **Insel Pag** ein – ihre von der Bora abgeschliffene Mondlandschaft hat einen eigenwilligen Reiz. Und von Karlobag bietet sich ein Abstecher zum bekanntesten kroatischen Nationalpark an: den **Plitwitzer Seen.** Die Inselriegel vor dem Festland setzen sich auch südlich fort: **Ugljan, Pašman, Dugi Otok** und der Inselarchipel der **Kornaten** bieten Wasser- wie Segelsportlern eine Fülle von Aktivitäten. Am Festland hingegen erwartet den Besucher kunstvolle Architektur: **Zadar, Šibenik** und **Trogir** sind wahre Schatzkammern. Kultureller Höhepunkt ist die römische Kaiserstadt **Split.** Von hier legen die Fähren ab zur weit westlich vorgelagerten **Insel Vis,** einem kleinen Adria-Idyll.

Touren in der Region

Von Biograd auf die Inseln

Route: Biograd na moru › Insel Pašman › Insel Ugljan › Zadar › Dugi Otok › Zadar

Karte: Seite 79
Länge: 121 km, 2 Tage

Die Hafensilhouette von Split

Praktische Hinweise:
- Fährpassagen können nicht vorausgebucht werden. Prüfen Sie vorab den Fahrplan, der sich jährlich ändert! Transferzeiten jeweils 30 Min., nach Dugi Otok 50 Min.

Tour-Start:
Von **Biograd na moru** 7 › S. 89 setzt man mit der Fähre zum Hafen von Tkon auf der Insel Pašman über.

Norddalmatien Tour 3: Von Biograd auf die Inseln

Karte S. 79

Segler auf der Durchfahrt zwischen Dugi Otok und Katina

Wie ihr nördlicher Nachbar Ugljan ist das lang gestreckte Eiland entlang der dem Festland zugewandten Ostküste intensiv landwirtschaftlich genutzt, während ein bis zu 260 m hoher, karger Bergrücken die Westküste beherrscht. Fuß- und Ziegenpfade führen hier zu einsamen Buchten. Die einzige Inselstraße verbindet Tkon im Süden über Pašman-Stadt mit der Nordspitze, Abstecher führen kurz hinter Tkon zum Benediktinerkloster Sv. Kozma i Damjan mit glagolitischen Inschriften am Kirchenportal (Juni bis Sept. Mo–Sa 16–18 Uhr) und bei Kraj zu einem Franziskanerkonvent mit Renaissancekreuzgang.

Pašman und Ugljan waren ursprünglich ein Eiland; Ende des 19. Jhs. wurde die Landenge zwischen den beiden für den Schiffsverkehr durchstochen, wo heute eine Brücke nach Ugljan führt. Ähnlich in Form und Gestalt ist sie die dichter besiedelte, lebhaftere Insel. Gleich der erste Ort Kukljica besitzt einen der schönsten Strände Dalmatiens: An der Ferienanlage Zelena Punta beschatten Kiefernwälder die Kies- und Sandstrände und das türkisblaue Meer (Tel. 023/37 33 37, www.zelenapunta.hr, €). Zu Fuß sind weitere Sandbuchten wie Sabuša zu erreichen. Über das lebhafte Hafenstädtchen Preko erreichen Sie die Nordspitze Ugljans bei Muline, wo Fundamente einer römischen Ölmühle erhalten sind. Auch hier locken idyllische Buchten, jedoch mit wenig Schatten.

Entweder übernachtet man hier (auf die Schilder *sobe*, Zimmer, achten), oder man kehrt wieder nach Preko zurück und fährt mit der Fähre nach **Zadar** 5 › **S. 84** weiter.

Am nächsten Morgen geht es erneut aufs Schiff: Die 43 km lange und maximal 4 km breite Insel Dugi Otok trägt ihren Namen »lange Insel« nicht von ungefähr. Anlegehafen ist Sali im Süden. Von dem alten Salinenort ist es ein kurzer Abstecher nach Südwesten zur Telaščica-Bucht. Das unter Naturschutz stehende Gebiet grenzt an den wunderschönen **Kornaten-Nationalpark** 9 › **S. 90** und gilt als einer der

Touren in Norddalmatien

Tour 3

Von Biograd auf die Inseln

Biograd › Insel Pašman › Insel Ugljan › Zadar › Dugi Otok › Zadar

Tour 4

Von Split nach Vis und Biševo

Split › Insel Vis › Insel Biševo › Split

Tour 3 | 4 **Norddalmatien**

sichersten Häfen der Adria. Entsprechend groß ist im Sommer der Andrang schmucker Segeljachten. Dugi Otok besteht hauptsächlich aus einem bis zu 340 m hohen Plateau, das nach Ost wie West relativ steil ins Meer abfällt und traumhafte Ausblicke auf die Inseln der Kornaten bietet. Nördlichster Ort ist Božava, der Außenposten der Insel auf den äußersten Inselfelsen ist der Leuchtturm Veli rat. Dugi Otok ist Natur pur, zahlreiche Wanderwege erschließen das Eiland.

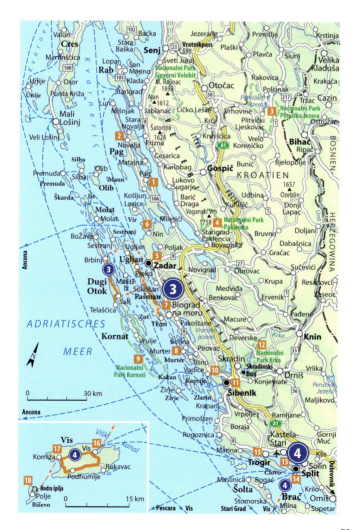

Empfehlenswert ist auch eine ❗ Fahrradtour von Sali nach Veli Rat. Die 43 km lange Strecke wartet mit einer maximalen Steigung von 140 m auf und ist deshalb auch für Hobbyradler geeignet. Sie führt über Zaglav, Žman, Luka, Savar, Brbinj, Dragove und Božana. Eine Detailkarte mit allen Wander- und Fahrradwegen auf Dugi Otok ist beim Tourismusverband erhältlich (**TZG Sali**, Obala Petra Lorinja, Tel. 023/37 70 94, www.dugiotok.hr).

Vom Fährhafen Sali kehren Sie zurück nach Zadar.

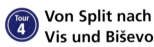

Von Split nach Vis und Biševo

Route: Split › Insel Vis › Insel Biševo › Split

Karte: Seite 79
Länge: 2 Tage, Fährpassage Split–Vis 2,5 Std., auf Vis 34 km, Ausflug Biševo ½ Tag
Praktische Hinweise:
- Für die Schiffspassagen zwischen Split und Vis per Fähre oder Katamaran (nur Passagiere) rechtzeitig am Hafen sein.
- Busse verkehren nur zwischen Vis-Stadt und Komiža.

Tour-Start:

Meist gegen 9 Uhr morgens startet in **Split** 14 › S. 95 die Autofähre zur ursprünglichen, weit vorgelagerten Insel Vis › S. 101, die im früheren Jugoslawien Sperrgebiet war. Die Rundtour um das Eiland bzw. seinen höchsten Gipfel Hum (587 m) beginnt im hübschen, venezianisch geprägten Vis-Stadt. Von hier in Richtung Süden führt die asphaltierte Inselstraße vorbei an blühendem Klatschmohn, zieht durch Rebgärten, steigt über eine Passhöhe und senkt sich auf der Westseite der Insel hinab in die geschützte Bucht von Komiža. Beim Weiler **Podšpilje** können Sie noch ein Stück bergauf fahren und dann die letzten Höhenmeter zur Tito-Höhle (Titova Špilja) zu Fuß gehen. Hier soll sich der jugoslawische Partisanenchef vor deutschen Häschern versteckt haben. Dann führt die Straße hinunter nach Komiža.

Wenn Sie hier übernachten, können Sie die Insel Biševo › S. 102 mit der berühmten Blauen Grotte (Modra špilja) besuchen. Auf der nördlichen Inselstraße kehrt man nach Vis-Stadt zurück und besteigt die Fähre nach Split.

Verkehrsmittel

- Busse verkehren zwischen den Städten, teils auch auf die Inseln, kleinere Orte werden aber selten bedient.
- Am bequemsten reisen Sie mit dem eigenen Fahrzeug. In der Hochsaison müssen Sie allerdings mit Staus und Wartezeiten an den Fährenlegern und mit Verkehrsbehinderungen rund um die beliebten Badeorte rechnen.
- Fähren zwischen Festland und Inseln und zwischen den Inseln fahren in den Sommermonaten je nach Passagieraufkommen teils ohne Pause. Außerhalb der Saison ist der Fahrplan eingeschränkt, einige Linien fallen ganz weg. Infos unter www.jadrolinija.hr.

Unterwegs in Norddalmatien

Insel Pag

Die 63 km lange, zerklüftete Insel bildet mit ihren tief eingeschnittenen Buchten eine äußerst karge, aber reizvolle Welt für sich. Im Frühjahr und Herbst wird sie von der eisigen Bora heimgesucht, vor der die Bauern ihr dürftiges Land mit Steinwällen schützen. Das Eiland verbindet eine 300 m lange Brücke mit dem Festland.

Pag-Stadt 1 [C4]

Pag, die Inselhauptstadt, wurde 1483–1503 nach Entwürfen des Baumeisters Juraj Dalmatinac im Stil der Renaissance errichtet. Den Mittelpunkt des Ortes bildet die Kirche **Sveta Marija,** deren Fassade eine Darstellung der Schutzmantelmadonna im Tympanon und eine gotische Fensterrose zieren. Die Rose nimmt das traditionelle Muster der Pager Klöppelspitzen auf, die bis heute in Heimarbeit angefertigt werden.

Einblicke in die traditionelle Meersalzgewinnung erhält man bei den Salinen südlich der Stadt. **50 Dinge** (39) › S. 16, ! gesunde Heilschlammbäder, gut bei Hauterkrankungen und Rheuma, genießt man im Südwesten, im Stadtteil Lokunja.

Info

Tourismusverband Pag
- Ulica od Špitala bb
  23250 Grad Pag
  Tel. 023/61 13 01 | www.tzgpag.hr

Restaurant

Bistro na Tale €€
Auf der Karte stehen Inselspezialitäten wie Lamm oder in Wein und Kräutern gedünsteter Fisch. Schöner Blick über die Saline. **50 Dinge** (15) › S. 14.
- Radićeva 2 | Tel. 023/61 11 94

Shopping

Käserei Sirana Gligora
Pag ist bekannt für aromatischen Schafskäse, den man z. B. bei dieser Käserei zwischen Pag und Novalja kaufen kann.
- Figurica 20 | 23251 Kolan
  Tel. 023/69 80 52 | www.gligora.com

Überaus feine **Klöppelspitzenarbeiten** bieten Frauen entlang der Straßen Kralja Tomislava und Dmitra Zvonimira an, die Preise sind relativ hoch.

Sanft schaukeln die bunten Fischerboote im Hafen von Pag-Stadt

Novalja [2] [C4]

Das Städtchen ist zwar kleiner als Pag, stellt aber die Rivalin mit einem netten Hafen, Palmenpromenaden und einem Kiesstrand in den Schatten. Im Sommer ist es eine der heißesten Partymeilen Dalmatiens. **Zrće-Beach** ist das Dorado für House- und Techno-Fans – ruhebedürftige Urlauber sollten Novalja im Juli und August besser meiden. Im **Gradski muzej** (Stadtmuseum) verbirgt sich der Zugang zu einem römischen Kanal zur Wasserversorgung. Der mannshohe Bau verläuft auf etwa 2 km unterirdisch; 300 m weit dürfen Besucher vordringen (Trg Dr. F. Tuđmana, 53291 Novalja, Juni–Okt. tgl. 9–13, 18–22 Uhr).

Hotel
Luna Island €€
Das in kühler Sachlichkeit gestaltete Hotel bietet modernen Komfort oberhalb eines Fels-/Kiesstrands.
- Jakišnica 289a | 53294 Lun
  Tel. 053/65 47 00
  www.lunaislandhotel.com

Restaurant
Boškinac €€
Idyllisch zwischen Weinreben und Olivenbäumen gibt es modern-mediterrane Küche mit heimischen Zutaten.
- Šopaljska ul. 220 | 53291 Novalja
  Tel. 053/66 35 00 | www.boskinac.com

Aktivitäten
Lagona-Divers
Pag ist ein interessantes Tauchrevier: In der Bucht Vlaška Mala wurde das Wrack eines römischen Schiffes mit Amphoren aus dem 1. Jh. v. Chr. gefunden. Das Tauchzentrum organisiert von März bis November Tauchgänge und -kurse.
- Livic 85 | 53291 Stara Novalja
  Tel. 098/1 63 10 08
  www.lagona-divers-pag.com

Nationalpark Plitwitzer Seen [3] ⭐ [C3]

Der Nationalpark (Nacionalni Park Plitvička Jezera) dürfte Karl-May-Filmfreunden zumindest bildhaft ein Begriff sein, denn »Winnetou« Pierre Brice paddelte und ritt für die Filmaufnahmen in dieser herrlichen Landschaft. Gedreht wurde hier u.a. »Der Schatz im Silbersee«. Zu Recht wurde das 200 km² große Areal 1949 in einen Nationalpark verwandelt und 20 Jahre später von der UNESCO zum Weltnaturerbe erklärt. **50 Dinge** (28) › S. 15.

Gut markierte Wanderwege führen an rauschenden Wasserfällen vorbei, die über bemooste Felsabbrüche in 16 unterschiedlich hoch gelegene Seen stürzen, in deren Kalksteintrögen das stehende Wasser türkis schimmert. Den Kozjak-See kann man per Elektroboot überqueren.

Satte Vegetation wuchert überall dort, wo die Wurzeln von Gras, Strauchwerk und Bäumen Halt finden. Auf dem paradiesischen Flecken dehnen sich die letzten europäischen Urwälder aus, und in den Refugien von Hainbuchen, Tannen, Fichten und Steineichen fühlen sich viele gefiederte Arten wie Wiedehopf, Eisvogel, Kauz und Kuckuck heimisch.

Paklenica-Nationalpark **Norddalmatien**

Info

Nacionalni Park Plitvička Jezera
Der Park ist im Winter tgl. 9–16, Frühling/Herbst 8–18, Sommer 7–19 Uhr geöffnet, geführte Wanderungen können bei der NP-Verwaltung gebucht werden.
- 53231 Plitvička Jezera
  Tel. 053/75 10 15
  www.np-plitvicka-jezera.hr

Verkehr

- **Anfahrt mit dem eigenen Kfz:** Für die rund 100 km lange Strecke von Karlobag an der Küste zum Nationalpark sollte man mindestens 2 Std. Zeit einkalkulieren, denn der 589 m hoch gelegene Pass Stara Vrata ist mit seinen engen Serpentinen ein Nadelöhr, durch das sich Lkw hinauf- und hinunterquälen.
- **Bahnverbindungen**: Nächster Bahnhof ist Vrhovine an der Strecke Zagreb–Split.
- **Busverbindungen**: Zum Nationalpark von Senj, Karlovac und Zadar aus.

Hotel

Jezero €€
Elegantes Haus mitten im Grünen des Nationalparks und mit herrlichem Blick über die Seen.
- NP Plitvička Jezera
  Tel. 053/75 15 00
  info@np-plitvicka-jezera.hr

Restaurant

Poljana €–€€
Das Restaurant gliedert sich in einen modernen Selbstbedienungsbereich und einen gemütlichen Speiseraum mit Service. Von hier genießt man einen herrlichen Blick auf die Oberen Seen.
- Velika poljana | ulaz 2

Die Plitwitzer Seen bieten ein grandioses Naturschauspiel

Paklenica-Nationalpark 4 [D4]

Einige Kilometer hinter Starigrad leitet ein unscheinbarer Wegweiser in den fast 40 km² großen Nationalpark im Velebit-Massiv. Der Paklenica-Fluss bahnt sich hier zwischen den Felsen seinen Weg Richtung Adria, sein reißendes Wasser – eine Seltenheit im weichen Kreidekalkstein – wusch die tiefen Schluchten **Velika** und **Mala Paklenica** (»Große und Kleine Hölle«) aus. Auf gut markierten Wegen führen hier Wanderungen durch spektakuläre Berg- und Schluchtenlandschaften, die senkrechten Wände aus Triaskalk sind auch ideales Trainingster-

Norddalmatien Paklenica-Nationalpark

Karte S. 79

rain für Felskletterer. Über 300 Routen sind ausgewiesen, die meisten im anspruchsvollen Schwierigkeitsbereich zwischen Grad 5 und 6. Für Höhlenfans gibt es ein unterirdisches Märchenreich: die **Manita peć** bei der Großen Paklenica mit ca. 20 m langen Stalaktiten und riesigem Höhlenraum (April Sa 10–13, Juli–Sept. tgl. 10–13 Uhr, Mai/Juni/Okt. Mo, Mi, Sa 10–13 Uhr). **50 Dinge** ⑧ › S. 12.

Auch auf der Talsohle hat das 1949 unter Naturschutz gestellte Gebiet ungeahnte Reize. Feigenbäume, verkrüppelte Eichen und Hainbuchen bilden mit Ginsterbüschen und anderen Gewächsen ein mannigfaltiges Pflanzenkleid. In den Überresten verfallener Bauernhöfe und verwilderter Gärten sonnen sich Eidechsen, harmlose Nattern und auch Kreuzottern.

Info

Nacionalni Park Paklenica
- Dr. F. Tuđmana 14a | 23244 Starigrad
  Tel. 023/36 98 03
  www.np-paklenica.hr

Hotel

Vicko €€
Freundliches Haus in Strandnähe mit großem Gartenlokal und Aktivangeboten.
- J. Dokoze 20 | Starigrad
  Tel. 023/36 93 04 | www.hotel-vicko.hr

Restaurant

Konoba Marasović €
Rustikale, authentische Küche und herzliche Gastgeber – eine Konoba wie sie sein soll!
- Trg Marasovića | Tel. 023/35 93 39

Zadar ⑤ ★ [C4]

Idassa, Jadera, Diadora, Zara, Zadar – die heute 80 000 Einwohner zählende Küstenstadt trug in ihrer wechselhaften Vergangenheit viele Namen. Immer wieder erlitt sie Zerstörungen und jedes Mal erhob sie sich wie ein Phönix aus ihren Ruinen. Diese Vielfalt an kulturellen Schichten macht einen Besuch in der ehemaligen Hauptstadt Dalmatiens mit ihren wehrhaften Stadtmauern und schlanken Kirchtürmen spannend.

Geschichte

Als Split im 7. Jh. Salona als Zentrum des byzantinischen Dalmatien ablöste, begann die eigentliche Stadtentwicklung von Zadar. 1202 wurde es das erste Mal zerstört, weil es sich Venedigs Einfluss zu entziehen suchte. 1409 verkaufte der letzte ungarisch-kroatische König Ladislav Napuljski schließlich den gesamten dalmatinischen Landstrich an Venedig.

1797–1918 stand die Stadt unter österreichischer Herrschaft und wurde dann bis 1945 eine italienische Enklave. Ende des Zweiten Weltkrieges war Zadar ein Ruinenfeld, 1947 begann unter Tito der Wiederaufbau, zwischen 1991 und 1995 erlitt Zadars Altstadt schwere Artillerieschäden durch militante Krajna-Serben und die jugoslawische Armee.

Die Altstadt

Die autofreien Gassen der malerischen Altstadt mit dem quirligen

Zadar **Norddalmatien**

Obst- und Gemüsemarkt eignen sich auch für einen gemütlichen Einkaufsbummel und zur Einkehr in einem Café oder einer Konoba bei einem Glas Maraschino-Kirschlikör, einer Spezialität nach traditioneller Rezeptur aus Zadar.

Vom Landtor zur Donatuskirche

Nur einige Schritte vom kleinen **Bootshafen** (Foša) A entfernt, der durch einen Teil des ehemaligen Stadtgrabens gebildet wird, führt das 1543 von Michele Sanmicheli aus Verona geschaffene **Landtor** (Kopnena Vrata) B in die Altstadt. Das stolze Bauwerk in Form eines römischen Triumphbogens ist das bedeutendste Meisterwerk der Renaissance in Zadar und trägt den geflügelten venezianischen Löwen und das Stadtwappen von Zadar.

Hinter dem Tor biegt nach rechts die Ulica Andrije Medulića ab, die sich zum kleinen, mit einer römischen Säule geschmückten Platz, dem **Trg Petra Zoranića**, öffnet. Nebenan dehnt sich der **Trg pet bunara** (Platz der fünf Brunnen) C aus, bis ins 19. Jh. lieferten die Brunnen, die sich oberhalb einer Zisterne befinden, der Stadt Wasser.

Hinter der römischen Säule erhebt sich die Fassade von **St. Simeon** (Sveti Šimun) D. Die in ihren ältesten Teilen aus dem 14. Jh. stammende Kirche birgt einen besonderen Kunstschatz: Über dem Hauptaltar halten zwei bronzene Barockengel den aus Silberblech getriebenen, über fünf Zentner schweren Sarkophag des hl. Simeon.

Sv. Donat mit Römischem Forum

Zentrum der Altstadt ist der **Volksplatz** (Narodni trg) mit einer modern verglasten **Loggia** (Gradska Loža) E von 1562 und der aus demselben Jahr stammenden ehemaligen Stadtwache, in der heute das **Volkskundemuseum** (Etnografski Muzej) F einen interessanten Einblick in das Alltagsleben Dalmatiens gibt (Narodni trg, Sommer tgl. 9–20, Winter Mo–Fr 9–18, Sa, So 9–13 Uhr). Am Volksplatz steht neben dem 1936 errichteten **Rathaus** (Dvor) G noch der **Palazzo Ghirardini-Marci** H, ein hübscher Bau mit spätgotischem Fenster.

Die von kleineren Geschäften gesäumte Široka ulica führt nach Westen zum **Archäologischen Museum** (Arheološki Muzej) I. Exponate wie Tonkrüge, Waffen, Grabplatten,

Karte
S. 87

Schmuck und Skulpturen dokumentieren hier Zadars Geschichte (Trg opatice Čike, Nov.–März Mo–Fr 9–14, Sa 9–13, April, Mai, Okt. Mo–Sa 9–15, Juni–Sept. tgl. 9–21 Uhr).

In der Nachbarschaft des Museums stehen Zadars berühmteste Baudenkmäler: Die dreischiffige **Marienkirche** (Sveti Marija) **J** besitzt zwar eine Renaissancefassade, dahinter versteckt sich aber eine schon Ende des 11. Jhs. geweihte Basilika. Im Spätbarock ließen die Benediktinerinnen den Kirchenraum mit aufwendigen Stuckornamenten ausstatten. Im angeschlossenen **Kloster** zeigt die Ausstellung Zlato i srebro Zadra den wertvollen Kirchenschatz von Sv. Marija (Trg opatice Čike 1, Sommer Mo–Sa 10 bis 13, 17–19, So 10–13, Winter Mo bis Sa 10–12.30, 17–18.30, So 10 bis 12.30 Uhr).

Die Krone unter den Kirchenbauten gebührt der **Donatuskirche** (Sveti Donat) **K**, deren Bau Bischof Donatus im frühen 9. Jh. in Auftrag gab und die als einmaliges Beispiel altkroatischer Architektur gilt. Das im Grundriss runde Gebäude mit erstaunlich guter Akustik ist 27 m hoch und besitzt drei Apsiden sowie eine Galerie im ersten Obergeschoss (April, Mai, Okt. tgl. 9–17, Juni bis Aug. 9–22 Uhr).

Ein Erlebnis sind im Sommer die klassischen Musikabende in der Donatuskirche mit großen Künstlern aus dem In- und Ausland im Rahmen des Internationalen Musikfestivals (Näheres unter www.donat-festival.com und beim Info Center › **S. 88**).

Vor dem Gotteshaus breitet sich das sog. **Römische Forum** (Rimski Forum) **L** aus, auf dem zur Römerzeit mehrere Gebäude standen. Heute liegen auf der etwa 90 auf 45 m großen Fläche antike Säulentrommeln, kunstvoll bearbeitete Kapitelle und Sarkophage sowie Tempelreste verstreut.

Von der Donatuskirche zum Seetor

Über die Donatuskirche reicht der Blick auf den schlanken Turm der **Kathedrale St. Anastasia** (Sveta Stošija) **M**, die auf älteren Fundamenten zwischen dem 12. und 14. Jh. erbaut wurde. Durch ein spätromanisches Mittelportal betritt man das mit barocken Altären geschmückte Hauptschiff, dessen Abschluss eine Holzdecke bildet. Der aus dem 9. Jh. stammende Steinsarkophag mit den Reliquien der hl. Anastasia liegt im nördlichen Seitenschiff (Sommer Mo–Fr 8–14, 17–19, Sa, So 8–12, sonst Mo–Fr 8–12, 18–19, Sa, So 8–12 Uhr).

Zum Kreis der berühmten Sakralbauten zählt schließlich auch die **Chrysogonuskirche** (Sveti Krševan) **N** aus dem 10. Jh., die bereits 200 Jahre später baulich verändert und vergrößert wurde. Fassade und Apsis sind besonders schöne Beispiele romanischer Baukunst. Pfeiler, Säulenreihen, Bogen und Blendarkaden teilen die Basilika in drei Schiffe auf.

Wenige Häuserblocks entfernt findet man auf dem **Altstadtmarkt** (Gradska tržnica) **O** Stände mit Obst, Gemüse und Alltagsdingen.

Zadar Norddalmatien

Das **Seetor** (Lučka Vrata) **P** aus dem 16. Jh. führt aus dem historischen Kern auf die Hafenpromenade. Innerhalb der Mauern nach Westen gehend erreicht man das ehemalige **Arsenal** **Q**, das als Kulturzentrum wiederbelebt wurde. Weiter auf der Uferpromenade nach Südwesten empfängt die 2005 errichtete »Meeresorgel«, **!** eine Installation aus Betonröhren, mit eigenwilligen, von Meer und Wind verursachten Tönen, vor allem verliebte Pärchen. Hier grüßt auch die Installation **Pozdrav suncu** (»Gruß an die Sonne«), eine nachts vielfarbig leuchtende Scheibe, die als Sonnenkollektor fungiert.

Im Sommer legt von der Borik Marina, westlich der Altstadt, die »M/S Plava Laguna« um 8 Uhr ab zu einer ganztägigen Bootstour durch den reizvollen Kornaten-Archipel › **S. 90** (Kornat Excursions, Mobil-Tel. 098/89 68 95, www.kornat-excursions.hr; tgl.).

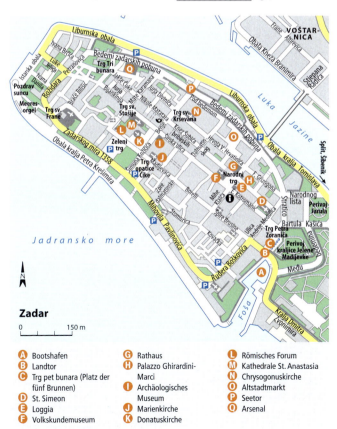

Zadar

0 — 150 m

- **A** Bootshafen
- **B** Landtor
- **C** Trg pet bunara (Platz der fünf Brunnen)
- **D** St. Simeon
- **E** Loggia
- **F** Volkskundemuseum
- **G** Rathaus
- **H** Palazzo Ghirardini-Marci
- **I** Archäologisches Museum
- **J** Marienkirche
- **K** Donatuskirche
- **L** Römisches Forum
- **M** Kathedrale St. Anastasia
- **N** Chrysogonuskirche
- **O** Altstadtmarkt
- **P** Seetor
- **Q** Arsenal

Norddalmatien Zadar, Ausflug nach Nin

Karte S. 87

Info
Tourist Info Center
- Mihovila Klaića | 23000 Zadar
  Tel. 023/31 61 66 | www.zadar.travel

Verkehr
- **Flughafen:** Zemunik, 12 km östlich, Zubringerbusse vom Busbahnhof, Tel. 023/20 58 00, www.zadar-airport.hr
- **Busverbindungen:** Autobusna Postaja, Ante Storčevića, neben dem Zugbahnhof, Tel. 023/21 15 55

Hotels
Art Hotel Kalelarga €€€
Topmodernes elegantes Designhotel in der Altstadt mit nur 10 Zimmern und einem Gourmetrestaurant.
- Ulica Majke Margarite 3
  Tel. 023/23 30 00
  www.arthotel-kalelarga.com

Falkensteiner Club Funimation €€
Moderner Ferienklub ca. 3 km vom Stadtzentrum am Meer mit Poollandschaft, Animation, Wellnesscenter und Sportangebot.
- Majstora Radovana 7
  Tel. 023/55 56 00
  www.falkensteiner.com

Kolovare €€
Moderne Sachlichkeit dominiert in dem großen renovierten, komfortablen Hotel, etwa 1 km östlich der Altstadt.
- Bože Peričića 14 | Tel. 023/21 10 17
  www.hotel-kolovare.com

Pansion Maria €€
Freundliche Familienpension in Meernähe, gutes Frühstück.
- Put Petrića 24 | Tel. 023/33 42 44
  www.pansionmaria.hr

Restaurants
Bruschetta €€
Eine große Auswahl kalter Vorspeisen, dazu gute Fleisch- und Fischgerichte.
- Mihovila Pavlinovića 12
  Tel. 023/31 29 15 | www.bruschetta.hr

Dva Ribara €€
Nette Pizzeria in der Altstadt.
- Blaža Jurjeva 1 | Tel. 023/21 34 45

Konoba Martinac €€
Kleine Taverne, köstlicher Fisch.
- Aleksandra Paravije 7
  Mobil-Tel. 098/30 88 69

Nightlife
Ledana Lounge
Chillige, spacige neue Loungebar, oft Livemusik.
- Perivoj kraljice Jelene Madijevke
  Mobil-Tel. 098/63 07 60
  www.ledana.hr

The Garden
Zadars legendärer Open-Air-Nachtklub hat nichts von seinen Reizen verloren.
- Bedemi zadarskih pobuna 13
  Tel. 023/31 47 74
  www.watchthegardengrow.eu

Ausflug nach Nin 6 [C4]

Nur 22 km nördlich von Zadar liegt auf einer künstlichen Insel der geschichtsträchtige Ort. Im 1. Jh. v. Chr. errichteten hier die Römer einen Tempel, von dem noch Reste erhalten sind. Ab dem frühen 9. Jh. entwickelte sich Nin zum religiösen Zentrum Kroatiens. Anfang des

Karte S. 79

Biograd na moru **Norddalmatien**

15. Jhs. bemächtigte sich Venedig der Stadt, ließ sie aber 150 Jahre später niederbrennen. Das bedeutendstes Bauwerk von Nin ist die **Heiligkreuzkirche** (Sveti Križ), das einzige vollständig erhaltene altkroatische Gotteshaus aus dem 9. Jh. Die harmonisch proportionierte Kreuzkuppelkirche gilt als »kleinste Kathedrale der Welt«.

Einer der schönsten und beliebtesten Strände in der Nähe ist Zaton Beach im Ort Zaton, an der Straße nach Nin.

Biograd na moru 7 [D5]

Der Ort (6000 Einw.) atmet Geschichte – hier wurde 1102 der ungarische König Koloman zum Herrscher über Kroatien gekrönt. Der beliebte Urlaubsort liegt malerisch zwischen großen Kiefernhainen und wartet mit guten Wassersportmöglichkeiten auf.

Am Hafen von Biograd na moru

Hotel
Kornati €€
Großes und modernes Hotel am Meer mit Zimmern und Apartments; eigene Marina. Nov.–März geschl.
- Tina Ujeviica 7 | 23210 Biograd na moru
  Tel. 023/38 35 56
  www.ilirijabiograd.com

Restaurant
Guste €€
Freundliches Hafenrestaurant mit Fischspezialitäten und Grillgerichten.
- Kralja Petra | 23210 Biograd na moru
  Tel. 023/38 30 25

Nightlife
Lavender Bar
Der Hotspot für die Jungen und Schönen, die in der eleganten Lounge auf schicken Liegen wie die alten Römer Lavendeldüfte schnüffeln und an bunten Drinks nippen.
- Im Hotel Adriatic
  Tina Ujevića 5
  Tel. 023/38 35 56

Aktivitäten
Galeb Aventures
Verleih von Seekajaks, Dingis und Katamaranen und Organisation von Ausflügen in die Kornaten.
- Obala Kralja Petra Kresimira IV 72
  23211 Pakoštane
  Mobil-Tel. 091/5 42 39 02
  www.galebaventures.com

Norddalmatien — Insel Murter, NP Kornaten

Insel Murter 8 [D5]

Am Hafen von Tisno, 18 km südlich von Biograd, führt eine kleine Brücke als einziger Straßenzugang auf die knapp 20 km² große Insel. Kroaten und Italiener haben das bergige Eiland mit seinen Feigen- und Olivengärten längst als Ferienziel entdeckt, geruhsam ist es hier nur noch in der Vor- und Nachsaison.

Als erster Ort der Insel kommt **Betina** im Nordosten in Sicht. Um den Hafenplatz reihen sich Bars und Cafés, von denen aus man den Fischern beim Netzeflicken zusehen kann.

Das alte Städtchen **Murter** in der Nachbarschaft besitzt ein kleines Zentrum um den lebhaften Platz Trg Rudina mit Cafés, einen großen Jachthafen und verwinkelte Gassen. Der hübsche Fischerort ist ein guter Ausgangspunkt für einen Schiffsausflug durch den Kornaten-Nationalpark.

Info

TZO Murter-Kornati
- Rudina bb | 22243 Murter
  Tel. 022/43 49 95
  www.tzo-murter.hr

Hotel

Murter €€
Das Familienhotel auf einem Hügel, ca. 15 Min. von Murter-Zentrum entfernt, wird mit viel Engagement geführt. Freundlich eingerichtete Zimmer und Apartments.
- Nerezine bb | 22243 Murter
  Tel. 098/9 61 90 72
  www.hotelmurter.com

Restaurant

Tic-Tac €€
Dieses gemütliche Lokal serviert köstliche dalmatinische Speisen mit Fisch, Muscheln und Krustentieren.
- Vlade Hrokešina 5 | Murter
  Tel. 022/43 52 30
  www.tictac-murter.com

Nationalpark Kornaten 9 ⭐ 6 [C5]

Seit Beginn der 1980er-Jahre steht die adriatische Inselgruppe unter Naturschutz. Auf einer Fläche von 220 km² erheben sich ca. 90 karge Felseilande wie hellgraue Walrücken aus dem kristallklaren Wasser. Für grüne Farbtupfen sorgen Büsche, Grasflecken oder von Menschenhand angelegte Gärten mit Oliven-, Feigen- und Kirschbäumen. Landgänge sind nur auf markierten Pfaden und auf jenen Inseln gestattet, auf denen im Sommer Konobas und Tavernen für Besucher öffnen. **50 Dinge** ㉗ › S. 15.

So enthüllt der Nationalpark Kornaten seinen Reiz im Grunde nur Bootstouristen, Seglern sowie Tauchern, besitzt doch die Inselgruppe die üppigste Unterwasserflora und -fauna der Adria. Ein- bis fünftägige Tauchexkursionen bietet ab Murter z. B. Aquanaut an (J. Dalmatinca 1, Tel. 022/43 45 75, www.divingmurter.com).

Info

Nacionalni Park Kornati
- Butina 2 | 22243 Murter
  Tel. 022/43 57 40 | www.np-kornati.hr

Karte S. 79

Vodice, Šibenik **Norddalmatien**

So grün zeigen sich die Kornaten nach den Regenfällen im Frühjahr

Restaurant

Konoba Opat €€

Beliebtes Lokal mit guter Auswahl an Fisch und Meeresfrüchten, als Dessert wird Johannisbrotkuchen serviert.
- Insel Kornat | Luke 47
  Mobil-Tel. 091/2 24 78 78
  www.opat-kornati.com

Hotel

Miramare €€

Das neben dem Hotelkomplex Olympia eröffnete Strandhotel besitzt eine reizvoll persönliche Note.
- Ljudevita Gaja 4
  Tel. 022/44 09 27
  www.miramare-vodice.com

Vodice 10 [D5]

So wie Murter bietet auch das festländische Vodice gute Bootsverbindungen auf die Kornaten. Doch die meisten Besucher kommen hierher, um zu baden, zu flanieren oder köstlich zu speisen. An Sommerwochenenden herrscht an der Promenade des Jachthafens Hochbetrieb.

Info

Tourismusverband
- Obala Vladimira Nazora bb
  22211 Vodice | Tel. 022/44 38 88
  www.vodice.hr

Šibenik 11 ⭐ [D5]

Die Hauptattraktion der Stadt (51 000 Einw.) an der Krka-Mündung ist natürlich ihre Kathedrale, die zum UNESCO-Weltkulturerbe zählt. Die Altstadt kann aber noch mit zahlreichen weiteren sehenswerten Bauwerken v. a. aus der Spätgotik und Renaissance aufwarten. Heute verleihen ihr die schmalen, verwinkelten Gassen, die ausgetretenen Steintreppen und die wehrhaften Mauern der **Festung St. Anna** (Tvrdava Sveta Ana) ein Flair wie in einem Freilichtmuseum.

Norddalmatien Šibenik

Die malerische Altstadt von Šibenik

Am schönsten zeigt sich die Stadt um die mächtige **Kathedrale des hl. Jakob** (Katedrala svetog Jakova). Die zwischen 1431 und 1556 erbaute Kirche gilt als bedeutendster Sakralbau der Renaissance in Dalmatien. Die Portale sind mit kleinen Figuren, gedrehten Steinsäulen und kunstvoll gearbeiteten Blättermotiven dekoriert. Außergewöhnlich ist ein Rundfries an der Außenwand des Chores, der 74 von Dalmatinac gemeißelte fratzenhafte Porträtköpfe stadtbekannter Zeitgenossen zeigt (Juni–Aug. 9.30–19.30, April, Mai, Sept., Okt. 9.30 bis 18.30 Uhr).

Auf dem Platz vor der Kathedrale, wo der Bildhauer Ivan Meštrović dem berühmten Kollegen Dalmatinac ein Denkmal errichtete, fällt die **Stadtloggia** (Gradska loža) mit ihrer außergewöhnlichen Renaissancefassade und ihrem überaus hübschen Arkadengang auf.

An die Südseite der Kathedrale schließt sich der im 16. Jh. vollendete Rektorenpalast an, der das **Stadtmuseum** (Muzej grada Šibenika) beherbergt. Die Ausstellungen präsentieren hauptsächlich archäologische Funde, zudem werden hier interessante Wechselausstellungen gezeigt (Gradska vrata 3, Mo–Sa 10–15 Uhr). Unterhalb der Kathedrale lädt anschließend die Hafenpromenade zum Bummeln ein.

Info

Tourist Information Center
- Fausta Vrančića 18
22000 Šibenik
Tel. 022/21 20 75
www.sibenik-tourism.hr

Verkehr

Jadrolinija Fähre
Personenfähre zu den Inseln Zlarin, Kaprije und Žirje.
- Tel. 022/21 34 68 | www.jadrolinija.hr

Hotels

Life Palace €€€
Das Boutiquehotel in einem Renaissancepalazzo genügt höchsten Ansprüchen.
- Trg Šibenskih Palih Boraca 1
Tel. 022/21 90 05
www.hotel-lifepalace.hr

Zlatna Ribica €–€€
Die Familienpension mit freundlichen Zimmern liegt malerisch in einer Bucht südlich von Šibenik. ❗ Im Restaurant serviert man hervorragende Gerichte mit Fisch und Meeresfrüchten.
- Spužvara 4
22010 Brodarica
Tel. 022/35 06 95
www.zlatna-ribica.hr

Trogir **Norddalmatien**

Restaurants
Barun €€€
Edel-Fischrestaurant mit etwas steifer Atmosphäre, aber exzellenter Küche.
• Podsolarsko 66 | Tel. 099/3 15 39 14

Marineo €€
Beliebtes Altstadtlokal mit großer Fischauswahl.
• Dobrić 1, Tel. 099/2 12 58 19
www.marineo.net

Ausflug in den Krka-Nationalpark 12 [D5]

Info
Nacionalni Park Krka
• Trg Ivana Pavla II br. 5
 22000 Šibenik | Tel. 022/20 17 77
 www.npkrka.hr

Hotel
Vrata Krke €€
Das am Parkeingang gelegene Haus mit stilvollen Zimmern ist die ideale Basis für Nationalparktouren.
• Lozovac bb | Tel. 022/77 80 92
 www.vrata-krke.hr

Trogir 13 ★ [E5]

Das historische Zentrum der Hafenstadt (8500 Einw.), das zum UNESCO-Weltkulturerbe gehört, liegt auf einer künstlich geschaffenen Insel. Eine Brücke überspannt

Die Krka, der bei Knin entspringende größte Fluss Mitteldalmatiens, zergliedert sich in schmale Buchten und lang gezogene Wasserarme, die den Nationalpark im Hinterland von Šibenik zu einer Landschaft von seltener Schönheit machen. Vom verschlafenen Parkzentrum **Skradin** aus lässt sich die Gegend per Boot gut erkunden. So führen zweistündige Bootstouren z. B. zur Klosterinsel Visovac, die malerisch mitten im Krka-Fluss liegt. Noch grandioser zeigt sich das Naturschutzgebiet, wenn man mit dem Auto über Lozovac nach **Skradinski Buk** zum größten Travertin-Kaskadensystem Europas fährt. **50 Dinge** ③ › S. 12. Vom Parkeingang kann man auf der Serpentinenstraße bergab bis zum ca. 3 km entfernten Krka-Ufer spazieren oder mit dem Pendelbus dorthin fahren. Hier lässt es sich herrlich wandern zwischen rauschenden Wasserfällen und Bächen sowie moosbedeckten Felsen.

Abkühlung in der Krka

den schmalen Kanal, der das Festland vom Altstadtlabyrinth trennt.

Das romantisch anmutende Mittelalter beginnt am **Landtor**. Über dem engen Durchlass der Stadtmauer steht seit rund 300 Jahren die verwitterte Statue des Schutzheiligen von Trogir, St. Ivan Ursini. Ihm wurde auch die im Jahre 1213 begonnene **Kathedrale** ⭐ (Katedrala sveti Lovro) am Trg Ivan Pavla II. geweiht. Prunkstück des romanisch, gotisch und von der Renaissance geprägten Bauwerkes ist das 1240 vollendete Westportal. Der kroatische Bildhauer Radovan zog bei den figürlichen Darstellungen alle Register seiner Kunst. Im Inneren der Kathedrale finden sich zwei Meisterwerke der Renaissance: die Taufkapelle von Andrija Aleši und die Orsini-Kapelle von Nikola Firentinac. Einen herrlichen Blick genießt man von dem 47 m hohen Kirchturm (Sommer Mo–Sa 8–20, So 12–18, Winter Mo–Sa 9–12 Uhr). **50 Dinge** ㉙ › **S.15**.

Vor der Westfassade des Doms fällt der Blick auf den prachtvollen **Čipiko-Palast**, ein typisches Patrizierhaus des 15. Jhs. Etwa um dieselbe Zeit entstand die **Loggia** auf der Südseite des Platzes, in der Ratssitzungen und Prozesse stattfanden.

An die kleine Loggia an der Riva angebaut ist die offene **Fischhalle**. Die Fischkutter, die am frühen Morgen von ihren Fahrten zurückkehren, gehen am Kanal von Trogir nahe der Fischhalle vor Anker, um ihren frischen Fang zu entladen – ein farbenprächtiges Spektakel.

Die Altstadt von Trogir ist ringsum von Wasser umgeben

Info
Tourismusverband
- Trg Ivana Pavla II br. 2 | 21220 Trogir
Tel. 021/88 56 28 | www.tztrogir.hr

Verkehr
Busverbindungen: Von dem Busbahnhof vor der Stadt am Kanal verkehren u. a. alle 30 Min. Busse nach Split.

Hotels
Concordia €€
Kleines schmuckes Hotel zwischen Dominikanerkloster und Festung.
- Obala bana Berislavića
Tel. 021/88 54 00
www.concordia-hotel.net

Fontana €€
Freundliches Hotel im Herzen der Altstadt mit sehr gutem Restaurant.
- Obrov 1 | Tel. 021/88 57 44
www.fontana-trogir.com

Medena €€
Apartment-Dorf ca. 2 km von der Altstadt entfernt. Schön in Terrassen angelegt, mit Restaurants und Sportangebot.
- Hrvatskih žrtava 187
Seget Donji | Tel. 021/80 00 00
www.apartmani-medena.hr

Auf Čiovo, das durch eine Brücke mit der Altstadt verbunden ist, vermittelt das Touristenbüro (TZG) Zimmer der Kategorien €–€€ in **Privathäusern**.

Restaurants
Capo €€
Sehr gute dalmatinische Küche in der Altstadt mit angeschlossener Pizzeria.
- Ribarska 11, Tel. 021/88 53 34
www.capo-trogir.com

Kamerlengo €€
Beliebtes Lokal beim Dominikanerkloster. Deftiges vom Holzkohlengrill.
- Vukovarska 2 | Tel. 021/88 47 72
www.kamerlengo.hr

Konoba Trs €€
Gemütliches Restaurant mit Tischen in der malerischen Gasse, mediterrane Fischküche.
- Matije Gupca 14 | Tel. 021/79 69 56

Nightlife
Smokvica
In der Loungebar gibt es im Sommer täglich Livemusik.
- Radovanov trg 9
www.smokvica.com

Sveti Dominik
Angesagte Cocktailbar am Hafen.
- Blazenog Augustina Kazotica 1
www.svdominik.com

Split 14 ⭐ [E5]

Wie ein Schiffsbug ragt die Halbinsel Marjan mit der zum UNESCO-Weltkulturerbe zählenden Altstadt von Split ins Meer hinaus. Wo vor 1700 Jahren der römische Kaiser Diokletian den Ruhestand genoss, sitzen heute Studenten in den Cafés. Die geschichtsträchtigen Mauern seines Palastes verleihen der Altstadt ihren unwiderstehlichen Reiz.

Geschichte
Dort, wo Split (220 000 Einw.) um den Vorort Solin mit Industrieanlagen und Wohnvierteln im Kasernenstil alles andere als einladend aussieht, liegen am nordwestlichen

Ortsausgang versteckt die Überreste von Salona, dem administrativen, wirtschaftlichen und religiösen Zentrum der ostadriatischen Besitzungen Roms.

In Salona stand im 3. Jh. die Wiege des späteren Kaisers Gaius Valerius Aurelius Diocletianus (284–305), der zum Gründer Splits werden sollte. Nach seiner freiwilligen Abdankung 305 zog er sich in seine Heimat zurück und ließ einen riesigen Palast von 180 m Breite und 200 m Länge bauen.

Dreihundert Jahre später suchten Flüchtlinge aus Salona vor den angreifenden Awaren und Slawen Schutz in seinen Mauern. In den folgenden Jahrhunderten dehnte sich die mittelalterliche Stadt über die Schutzmauern der Anlage aus. Insbesondere während der Renaissance ließen sich wohlhabende Bürger von berühmten Baumeistern wie Juraj Dalmatinac, Andrija Aleši und Nikola Firentinac Paläste und Residenzen erbauen.

Diokletian-Palast

Idealer Ausgangspunkt für eine Stadtbesichtigung ist die schöne, von Palmen gesäumte Uferpromenade **Riva** Ⓐ, wo zahlreiche Cafés zur Verschnaufpause einladen.

Gleich hinter ihr erhebt sich eindrucksvoll das imposante antike Gemäuer des Diokletian-Palasts (Dioklecijanova palača), in dem im Lauf der Jahrhunderte der alte Stadtkern entstand.

Seetor, Peristyl und Vestibül

Das **Seetor** Ⓑ führt in das Untergeschoss des Palastes, die Podrumi. Im Dämmerlicht erkennt man riesige, aus Bruchstein und braunen Ziegeln gemauerte und auf quadratischen Pfeilern ruhende Gewölbe (tgl. April, Mai 8.30–21, Juni–Sept. 8.30–22, Okt. Mo–Sa 8.30–21, Nov. bis März Mo–Sa 9–17, So 9–14 Uhr). In Nischen stehen Verkaufstische, an denen allerlei Krimskrams gehandelt wird.

Ein Treppenaufgang führt von hier zum sorgfältig restaurierten **Peristyl** Ⓒ, dem heutigen Zentrum der Palastanlage an der Kreuzung der beiden historischen Hauptachsen. Der offene, rechteckige Innenhof ist von Säulen mit korinthischen

Seit jeher ist die Diokletian-Palastanlage ein Touristenmagnet

Karte S. 98

Split **Norddalmatien**

Die Hafenpromenade mit dem Glockenturm der Kathedrale von Split

Kapitellen und schlanken Arkaden gesäumt. Er diente zu Zeiten Diokletians Repräsentationszwecken.

Das **Vestibül** D hingegen bildete ehemals einen Teil der kaiserlichen Wohnräume, die größtenteils zerstört sind.

Im **Café Luxor** am Peristyl sollte man sich im Schutz der Sonnenschirme eine Ruhepause gönnen und einen Cappuccino schlürfen.

Kathedrale des hl. Domnius E

An der Ostseite des Peristyls führen Treppen zum Eingang der achteckigen Kathedrale (Sveti Duje). Sie entstand im Mittelalter über dem ehemaligen Mausoleum von Kaiser Diokletian, dessen Sarkophag im 7. Jh. zerstört wurde.

Beachten Sie die von Andrija Buvina 1214 geschnitzten Türflügel des **Eingangsportals,** die 28 biblische Szenen zeigen. Zu den bildhauerischen Glanzstücken des 25 m hohen Innenraums gehören die filigranen Kapitelle der romanischen **Kanzel** aus dem 13. Jh. sowie das Steinrelief der **Geißelung Christi** von Dalmatinac am linken Seitenaltar. Die **Schatzkammer** birgt wertvolle historische Handschriften, Reliquiare und Brustkreuze (im Sommer Mo–Sa 8.30–19, So 12.30 bis 18.30 Uhr).

Weitere Bauwerke von Antike bis Barock

Gegenüber der Kirche führt eine schmale Gasse zum sogenannten **Jupitertempel** F. Zu seinen schönsten Teilen gehören das aufwendig ornamentierte Ostportal und der mit altkroatischen Symbolen geschmückte Altar. Die Kassettendecke stammt noch vom römischen Ursprungsbau (Mo–Sa 8.30–19, So 12.30–18.30 Uhr). **50 Dinge** ㉖ › **S. 15**.

Am **Osttor** G des Palastes vorbei führt der Weg weiter in den nordöstlichen Teil der kaiserlichen Anlage und zum spätgotischen **Papalić-Palast** H mit einer Loggia und einer Freitreppe – auch hier soll Baumeister Juraj Dalmatinac beteiligt gewesen sein. Besonders eindrucksvoll sind die großen Säle im ersten und zweiten Geschoss, in denen das Museum neben Werken einheimischer Künstler eine Dokumentation über die Geschichte Splits zeigt (Papalićeva 1, tgl., April, Mai, Okt. 8.30 bis 21, Juni–Sept., 8.30–22, Nov. bis März, Di–Sa 9–17, So 9–14 Uhr).

Am östlichen Teil der Ost-West-Achse des Decumanus, die heute den Namen Krešimirova trägt, demonstriert der **Cindro-Palast** I, wie wohlhabende Einwohner zur Zeit des Barock bauten und lebten.

Nicht weit vom Cindro-Palast entfernt führt das **Eiserne Tor** (Željezna vrata) J aus der Enge des Diokletian-Palastes heraus auf den Volksplatz.

In der Altstadt

Die schönste Fassade am **Narodni trg**, dem Volksplatz, besitzt das **Alte Rathaus** K mit seinen dreiteiligen gotischen Spitzbogen aus dem 15. Jh. Durch schmale Gassen geht es in Richtung Westen zur !̇ überdachten **Markthalle** L. Der »Bauch von Split« zeigt sich nicht kaiserlich, sondern volkstümlich. Hier wech-

Split
0   100 m

- A Riva
- B Seetor
- C Peristyl
- D Vestibül
- E Kathedrale des hl. Domnius
- F Jupitertempel
- G Osttor
- H Papalić-Palast
- I Cindro-Palast
- J Eisernes Tour
- K Altes Rathaus
- L Markthalle
- M Trg Republike
- N Trg Braće Radica

Split **Norddalmatien**

Narodni trg, der Volksplatz, mit dem Alten Rathaus von Split

seln täglich riesige Berge von Obst und Gemüse ihre Besitzer.

Jenseits der Straße Marmontova dehnt sich mit dem **Trg Republike** ein auf zwei Seiten von Arkadengängen umgebener Platz aus, bei dessen Bau der Markusplatz in Venedig Pate gestanden haben soll.

Auf der Hafenpromenade kehrt man Richtung Diokletian-Palast zurück. Auf dem **Trg Braće Radica** erinnert das Denkmal für Marko Marulić (1450–1524) an den aus Split stammenden Humanisten, der vielen Kroaten als Begründer ihrer Literatur gilt.

In der nordwestlich des Zentrums gelegenen Zrinsko-Frankopanska 25 präsentiert das **Archäologische Museum** (Arheološki Muzej) Funde vor allem aus Salona – Sarkophage, Mosaiken, Keramik und Schmuck, außerdem ein Taufbecken aus dem 9. Jh., das bei Nin › **S. 88** gefunden wurde (Sommer Mo–Sa 9–14, 16 bis 20, Winter Mo–Fr 9–14, 16–20, Sa 9–14 Uhr, www.armus.hr).

Info

Tourist Info Center
- Peristyl bb | 21000 Split
  Tel. 021/34 56 06 | www.visitsplit.com

Verkehr

Flughafen Split-Kastela
- Cesta Dr. Franje Tuđmana
  21216 Kaštel Štafilić
  Tel. 021/20 35 55
  www.split-airport.hr

Bahnhof
- Obala kneza Domagoja 8
  Tel. 060/33 34 44 (Sondertarif)
  www.hzpp.hr

Busbahnhof
- am Hafen | Ulica kneza Domagoja 12
  Tel. 060/32 73 27 (Sondertarif)
  www.ak-split.hr

Jadrolinija
Verbindungen zu dalmatinischen Inseln wie Hvar, Korčula, Vis und Brač.
- im Fährhafen
  Tel. 021/33 83 33

Norddalmatien Split

Karte S. 98

Hotels

Park Hotel €€€
Preisgekröntes, modernisiertes Haus in historischem Bau an der Bačvice-Bucht.
- Hatzeov perivoj 3
  Tel. 021/40 64 00
  www.hotelpark-split.hr

Vestibul Palace €€€
Das Designerhotel kombiniert Geschichte und Moderne, Eleganz und Luxus in nur fünf Zimmern und zwei Suiten.
- Iza Vestibula 4 | Tel. 021/32 93 29
  www.vestibulpalace.com

Slavija €€
Dieses Haus im Diokletian-Palast ist einfach, aber angenehm. Vom vierten Stock genießt man den Blick über die Dächer.
- Buvinina 2 | Tel. 021/32 38 40
  www.hotelslavija.hr

Al's Place €
Charmantes Hostel nahe dem Diokletian-Palast. April–Okt. geöffnet.
- Kružićeva 10
  Mobil-Tel. 098/9 18 29 23
  www.hostelsplit.com

Restaurants

Noštromo €€€
Splits bestes Restaurant mit delikater Fischküche nach traditionellen Rezepten.
- Kraj Sv. Marije 10
  Mobil-Tel. 091/4 05 66 66
  www.restoran-nostromo.hr

Adriatic Grašo €€
Luftig eingerichtetes Fischlokal mit Slow Food in der Marina der Luka-Bucht.
- Uvala Baluni bb
  Tel. 021/39 85 60
  www.adriaticgraso.com

Boban €€
Das Restaurant überrascht mit immer neuen Gerichten, so z. B. Seeteufel in Speckmantel und köstlichem Risotto.
- Hektorovićeva 49 | Tel. 021/54 33 00
  www.restaurant-boban.com

Konoba Varoš €€
Das bei den Splitern beliebte Lokal serviert Gerichte aus der Peka und köstliche gegrillte Lammrippchen.
- Ban Mladenova 9 | Tel. 021/39 61 38

De Belly €
Pizza, Burger und Snacks in lockerer Atmosphäre.
- Morpurgova poljana 2
  Tel. 021/51 09 99
  www.gollybossy.com

Nightlife

Club Vanilla
Modern gestylte Räume, gelegentliche Live-Auftritte und prominente DJs.
- Mediteranskih igara 21
  Mobil-Tel. 098/8 31 30 50
  www.vanilla.hr

Kaštelanska Riviera 15 [E5]

Sieben im 15./16. Jh. errichtete Kastelle säumen die Küste zwischen Trogir und Split. Anfang des 20. Jhs. war diese »Riviera der Kastelle« eines der beliebtesten Reiseziele gekrönter Häupter; heute wird der Reiz dieser vergessenen Küste gerade wiederentdeckt.

Einen Besuch wert ist **Kaštel Lukšić**, 1564 von der Trogirer Adelsfamilie Vitturi errichtet. Eine Zug-

Karte S. 79

Insel Vis **Norddalmatien**

Auf Vis findet man traumhafte Badebuchten wie hier bei Rukavac

brücke führt hinein in den hübschen Renaissance-Innenhof des Schlosses, in dem heute ein Museum und die Touristeninformation der Kaštelanska Riviera residierten.

Das zierliche **Kaštel Gomilica** wurde von Benediktinerinnen aus Split errichtet: Die romanische Kirche stammt aus dem 12. Jh.

Kaštel Sućurac entstand ab 1392 um einen Wehrturm. 1488 wurde eine Sommerresidenz für die Spliter Bischöfe daneben gesetzt und schließlich das Anwesen mit Mauern befestigt. Zwischen den Orten und ihren Kastellen liegen schattige Parks (besonders um Kaštel Lukšić); Felsabschnitte wechseln mit Sand- und Kiesbuchten ab.

Info
Tourismusverband
- Brce 1 | 21215 Kaštel Lukšić
Tel. 021/22 79 33
www.kastela-info.hr

Insel Vis

Die weit vorgelagerte Insel Vis (5000 Einw.) war in gesamtjugoslawischer Zeit Sperrgebiet; heute zählt sie zu den ursprünglichsten Eilanden Kroatiens, nicht zuletzt wegen der langen Anfahrt. Besiedelt war Vis schon von den Griechen, die es »Issa« nannten, später kamen Römer, Venezianer, Habsburger, und im Zweiten Weltkrieg diente die Insel dem Partisanengeneral und späteren jugoslawischen Staatschef Tito als Unterschlupf. Die von ihm benutzte Höhle bei Podšpilje am Berg Hum (587 m) ist heute als Titova špilja eine Sehenswürdigkeit.

Vis-Stadt 16 [E6]

Malerisch präsentiert sich die Inselhauptstadt Vis, deren ziegelgedeckte Häuser mit Fassaden aus gelblichem Stein eine weite Bucht säumen, in die eine Halbinsel samt

Norddalmatien Insel Vis

Karte S. 79

Kirche hineinragt. Das Meerwasser ist kristallklar – selbst im Hafenbecken –, was Vis für Taucher und Schnorchler besonders attraktiv macht. Im **Archäologischen Museum** in der Festung Baterija bekommen Sie einen Überblick über die Historie der Insel (Mai–Sept. Mo bis Fr 10–13, 17–21, Sa 10–13 Uhr).

Info
Tourismusverband
- Šetalište Stare Isse 5 | 21480 Vis
  Tel. 021/71 70 17 | www.tz-vis.hr

Hotel
San Giorgo €€€
Angenehmes Privathotel im Kut-Viertel mit schönem Hof, gutem Restaurant, aufmerksamem Service und Radverleih.
- Petra Hektorovića 2 | Tel. 021/60 76 30
  www.hotelsangiorgiovis.com

Restaurant
Konoba Vatrica €€
Serviert beste Fisch- und Meeresfrüchte-Gerichte mit regionalen Zutaten sowie Weine auch aus eigenem Anbau. Unter Seglern eine Top-Adresse in Dalmatien.
- Obala kralja P. Krešimira IV 13
  Tel. 021/71 15 74
  www.vatrica.hr

Komiža 17 [E6]
Die Häuser des hübschen Städtchens Komiža scharen sich um den Hafen mit seinem türkisgrünen Wasser, auf dem sich die Masten von Luxusseglern zunicken. Gegen Abend duftet es aus den wenigen Restaurants nach Knoblauch und gebratenem Fisch. Dann flaniert man auf der Hafenpromenade am 400 Jahre alten Festungsturm vorbei, der ein kleines Fischereimuseum beherbergt (Sommer Mo–Sa 10–12, 19–21, So 19–21 Uhr).

Aktivitäten
Issa Diving Center
Die deutschsprachige Basis organisiert Tauchtrips, Wrack- und Höhlentauchgänge, Steilwandtauchen, Nachttauchen und bildet aus.
- 21485 Komiža | Tel. 021/71 36 51
  www.scubadiving.hr

Hotel
Biševo €€
Sympathisches Strandhotel am Ortsrand von Komiža, zweckmäßige Zimmer, meist mit Meerblick. Wassersportangebote.
- Ribarska 72 | Tel. 021/71 32 79
  www.hotel-bisevo.com.hr

Restaurant
Riblji Restoran Komiža €€
An der Hafenpromenade von Komiža. Ein Gaumenschmaus sind gegrillte Tintenfische mit gemischtem Salat.
- Riva Sv. Mikule
  Tel. 021/71 32 55

Insel Biševo 18 [E6]
Zahlreiche Anbieter organisieren von Komiža aus Tagesfahrten nach Biševo, zur bekannten Modra spilja, einige auch mit Tauchgang. Am intensivsten ist das tiefe Blau der Meeresgrotte zwischen 11 und 12 Uhr, wenn die Sonnenstrahlen durch eine Felsspalte das Wasser zum Strahlen bringen.

Dubrovnik – die Perle der Adria

SÜDDALMATIEN

Kleine Inspiration

- **Beachvergnügen am Goldenen Horn von Brač,** dem schönsten und meistfotografierten Strand des Landes › S. 109
- **Stilvoll wohnen** in Hvars Top-Hotel Riva › S. 115
- **Ein anderes Dalmatien erleben** – mit weiten, flachen Flusslandschaften und üppigem Grün im Delta des Flusses Neretva › S. 116
- **Die besten kroatischen Weine verkosten** bei den Winzern auf der Halbinsel Pelješac › S. 118
- **Dem Schwertkampf zusehen** bei den Moreška-Ritterspielen auf der Insel Korčula › S. 121
- **Ruhige Inseltage verleben** in der romantischen Villa Vilina auf Lopud › S. 130

Süddalmatien Tour 5–7

Süddalmatinischer Vielklang: Historische Hafenstädtchen, Lavendel, Weinreben und Strände machen Hvar und Korčula zu einem reizvollen Ziel. In Dubrovnik bezaubert die Mischung aus Mittelalter und Gegenwart.

Auch Süddalmatien geizt nicht mit landschaftlichen und kulturellen Highlights; für Entspannung sorgen die herrlichen Strände auf dem Festland oder auf Inseln wie **Brač**. Spektakuläre Natur findet man bei **Omiš** in der **Cetina-Schlucht**, schier unbegrenzte Bade- und Freizeitmöglichkeiten entlang der **Makarska-Riviera**. Auch die Insel **Hvar** zieht im Sommer zahlreiche Sonnenanbeter und Wassersportler an.

Weiter südlich ist die **Halbinsel Pelješac** nur durch einen schmalen Isthmus von der **Insel Korčula** getrennt. Hier reifen die besten süddalmatinischen Weine.

Die »Perle der Adria«, das im UNESCO-Weltkulturerbe gelistete **Dubrovnik**, beherrscht mit seiner wunderbar erhaltenen Altstadt und den wuchtigen Wehrmauern den südlichsten Teil dieser Ferienregion. Wenn Sie unverfälschte Natur suchen, fahren Sie auf die zum Nationalpark erklärte **Insel Mljet**. Karibische Gefühle wecken die **Elaphiten-Inseln**. Und Dubrovnik im Kleinen, viel Ruhe und herrliche Tauchreviere finden Sie an der Bucht von **Cavtat**.

Von dort lohnt ein Abstecher ins benachbarte Montenegro zur einzigartigen **Bucht von Kotor**.

Touren in der Region

 ## Karst und Küste

Route: Makarska › Sv. Jure › Makarska › Tučepi › Gornji Tučepi › Podgora › Igrane

Karte: Seite 106/107
Länge: 1–2 Tage, 70 km
Praktische Hinweise:

- Die Straße von Makarska auf den höchsten Berg des Biokovo-Massivs, den Sv. Jure (1762 m), ist steil, schmal und voller Haarnadelkurven. Sie sollten für die 23 km rund 1 Std. einplanen.
- Der in Makarska startende Wanderweg auf den Sv. Jure stellt hohe Anforderungen an Trittsicherheit und Kondition, die Gehzeit beträgt ca. 6 Std. Wenn Sie sich von Experten führen lassen wollen, ist Makarska Adventure die richtige Adresse (Tel. 091/1 82 89 95, www.makarskaadventure.com). Sie organisieren auch mehrtägige Touren.

Tour 5: Karst und Küste **Süddalmatien**

Tour-Start:

Ausgangspunkt und Hauptort der Makarska-Riviera ist **Makarska** 6 › S. 113. Von hier folgen Sie der Küstenstraße nach Süden, biegen aber nach 1,5 km auf die Straße in Richtung Vrgorac ab (Straße 512). Nach rund 5 km ist am Eingangstor zum Naturpark Biokovo Eintritt zu entrichten. Von hier schlängelt sich die Piste die Hänge hinauf. Nach einer Serie atemberaubender Kehren verdienen die Nerven eine Pause: Auf einem ausgeschilderten geologischen Lehrpfad kann man in etwa 20 Min. die Erosionsformen des Karstes studieren. Danach geht es noch dramatischer hinauf zum Gipfel mit der kleinen Wallfahrtskapelle Sv. Jure und einem grandiosen Küstenpanorama.

Auf gleichem Weg fahren Sie zurück nach Makarska und weiter auf der Küstenstraße zu weiteren Riviera-Städtchen: Tučepi ist ein moderner Badeort, Hotels und Ferienhäuser säumen hier die Küstenlinie. Wesentlich interessanter ist die alte Siedlung Gornji Tučepi, die man auf einem rund 45-minütigen Spaziergang bergauf erreicht.

Unten an der Küste ist **Podgora** 7 › S. 114 die nächste Station. In dem hübschen Ort kann man durchaus einen Tag vertrödeln und im glasklaren Wasser planschen. Oder man fährt dazu 7 km weiter in das kleine Hafenstädtchen Igrane, das sich auf einer Halbinsel erhebt, überragt vom Wehrturm Zalina kula und der barocken Pfarrkirche (18. Jh.), gesäumt von einem schönen Strand.

Winzer und Austern

Route: Ston › Žuljana › Trstenik › Potomje › Orebić › Korčula › Lumbarda › Pupnat › Smokvica › Blato › Vela Luka

Karte: Seite 106
Länge: 1–2 Tage, 120 km
Praktische Hinweise:
- Am besten unternehmen Sie die Tour im eigenen Fahrzeug; Busse halten nicht in den kleineren Orten.
- Für die Fährpassage zwischen Pelješac und Korčula in der Hochsaison zeitig am Hafen sein.
- Auf Pelješac haben sich Weingüter zur Etablierung einer Weinstraße zusammengeschlossen und bieten Verkostungsmöglichkeiten, ebenso auf Korčula.

Tour-Start:

Ston 12 › S. 117 ist Startpunkt der Tour über Pelješac und Korčula. Deren Austernbänke versprechen herrliche Genüsse, doch auch die Halbinsel hat einiges zu bieten: so z. B. Weinstraßen und -keller zwischen Ston und Orebić, in denen Dingač und Plavac ihrer Vollendung entgegenreifen.

3 km nach Putniković biegt eine Stichstraße nach Žuljana ab, wo ein paar Häuser, die sich an die Felsen drängen, die Kulisse für eine smaragdgrüne Bucht mit idyllischem Kiesstrand bilden. Erste Verkostungen bieten sich in Trstenik und Potomje an. In **Orebić** 13 › S. 118 ange-

Süddalmatien Tour 6: Winzer und Austern

kommen, sollten Sie dem dortigen Franziskanerkloster einen Besuch abstatten: Es war quasi der Horchposten der Republik Ragusa, des heutigen Dubrovnik, deren Konkurrentin Venedig das gegenüberliegende Korčula besetzt hielt.

Dann geht es per Fähre zum Puppenstädtchen **Korčula** 14 › S. 120.

Bevor man zur Inselerkundung aufbricht, lohnt ein Abstecher nach **Lumbarda** 15 › S. 121, berühmt für seine Sandstrände und den hervorragenden Grk-Weißwein. Von dort aus führt die Inselstraße durch eine zunächst karge, dann immer fruchtbarere Landschaft nach Pupnat, wo ein Abstecher zur romantischen

Karte S. 106

Tour 5–7 **Süddalmatien**

Touren in Süddalmatien

Tour 5 — Karst und Küste: Biokovo-Naturpark und Makarska-Riviera

Makarska › Sv. Jure › Makarska › Tučepi › Gornji Tučepi › Podgora › Igrane

Tour 6 — Winzer und Austern: Pelješac und Korčula

Ston › Žuljana › Trstenik › Potomje › Orebić › Korčula › Lumbarda › Pupnat › Smokvica › Blato › Vela Luka

Tour 7 — Dalmatinische Karibik: Die Elaphitischen Inseln

Dubrovnik › Koločep › Lopud › Šipan › Dubrovnik

Strandbucht Pupnatska Luka jeden ins Schwärmen bringt. In Čara und **Smokvica** 16 › S. 122 kann man hervorragende Pošip-Weine probieren und kaufen. Nach Nordwesten abbiegend, entdeckt man an der Küstenstraße weitere hübsche Badeplätze. Blato im Inselinneren ist berühmt für seine Lindenallee.

Vela Luka 17 › S. 122 an der Nordspitze ist Korčulas größte Siedlung. Von hier könnten Sie per Schiff nach Dubrovnik weiterfahren oder aber auf gleichem Weg nach Ston zurückkehren.

Dalmatinische Karibik

Route: Dubrovnik › Kolocep › Lopud › Šipan › Dubrovnik

Karte: Seite 106
Länge: 2–3 Tage, Fährpassagen insgesamt 1,45 Std.
Praktische Hinweise:
- Die Inseln Kolocep, Lopud und Šipan sind mit Personenfähren bzw. einer Autofähre ab Dubrovnik erreichbar. Im Sommer verkehrt das Personenschiff viermal, die Autofähre (nur Lopud und Suđurađ auf der Insel Šipan) meist einmal tgl.

Tour-Start:

Morgens, meist gegen 9 Uhr, legt das Schiff in **Dubrovniks** 18 › S. 122 Hafen Gruž in Richtung Elaphitische Inseln ab. Der erste Halt 30 Min. später ist Kolocep › **S. 129.** Das kleinste der drei Eilande ist üppig bewachsen; wer Lust hat, kann die Zeit bis zur Weiterfahrt mit dem nächsten Schiff hier mit einer Inselwanderung oder mit Baden am Strand von Donje Selo verbringen.

Mittags legt die nächste Fähre an, und ab geht es auf die Nachbarinsel Lopud › S. 130. Hier ist schon etwas mehr los als in Kolocep. Restaurants und einige Hotels säumen die Bucht, im Inselstädtchen sind Renaissancehäuser, ein Kloster und die Pfarrkirche sehenswert. Lopuds Hauptattraktion ist aber der Sandstrand, zu dem man in etwa 20 Min. hinüberwandern kann.

Lopud ist ideal für einen Übernachtungsstopp, bevor Sie am nächsten Morgen mit der Fähre zur dritten Insel Šipan › S. 130 weitertuckern. Dort steigen Sie in Suđurađ aus, wo man burgartige Villen aus der Ragusaner Ära bewundern kann. Bei einer schönen Wanderung quer über die Insel erreichen Sie nach rund 90 Min. Šipanska Luka. Rund um den Hafenort sorgen Badebuchten für Erfrischung, und mittags führt der Weg natürlich ins Kult-Restaurant »Kod Marka« mit dem angeblich frischesten Fisch Süddalmatiens. Mit der Nachmittags- oder Abendfähre geht es ab Suđurađ schließlich zurück nach Dubrovnik.

Verkehrsmittel

Auch in Süddalmatien ist es von Vorteil, mit dem eigenen Fahrzeug zu reisen, da öffentliche Verkehrsmittel nur größere Orte bedienen. Für Fährpassagen sollte man in der Hochsaison zeitig am Hafen sein (www.jadrolinija.hr).

Unterwegs in Süddalmatien

Insel Brač

Hauptattraktionen der mit knapp 400 km² und 15 000 Einwohnern größten süddalmatinischen Insel sind die idyllischen Badestrände entlang der Südküste, allen voran das **Goldene Horn,** das bei Surfern sehr beliebt ist. Zudem schmückt sich Brač mit einem Superlativ: Die 778 m hohe **Vidova Gora** ist die höchste Erhebung im kroatischen Inselreich.

Verkehr
Autofähren verkehren zwischen Split–Supetar und Makarska–Sumartin, Tragflügelboote zwischen Split und Bol.

Supetar 1 [E5]
Der Hafen- und Urlaubsort mit seinem typisch mediterranen Flair ist das touristische Zentrum an der Nordküste von Brač, hier locken Bars und Restaurants sowie Weinprobierstuben und Verkaufsstände.

Eine Attraktion etwas landeinwärts von Supetar ist das Museumsdorf **Škrip** mit bestens erhaltenen, alten Bauernhäusern. Diese dienen auch als Läden, in denen man Souvenirs und den berühmten, nach Salbei duftenden Honig von Brač kaufen kann.

Info
Tourismusverband
- Porat 1 | 21400 Supetar
  Tel. 021/63 05 51
  www.supetar.hr

Hotel
Waterman Supetrus Resort €€€
Große, moderne und komplett ausgestattete Anlage in schöner Strandlage, mit riesigem Sportangebot, inklusive Tauchzentrum »Kaktus« (Tauchkurse und -exkursionen).
- Put Vele Luke 4 | Tel. 021/64 02 53
  www.watermanresorts.com

Restaurants
Konoba Vinotoka €€
Der Wirt ist auch gleichzeitig Fischer und serviert seinen Fang auf einer hübschen Terrasse.
- Jobova 6 | Tel. 021/63 09 69

Zlatni rat – das Goldene Horn

Süddalmatien Insel Brač

Kaštil Gospodnetić €€

12 km landeinwärts von Supetar speist man in dieser Konoba authentische Inselküche in den Räumen eines historischen Kastells. **50 Dinge** (16) › S. 14.

- 21410 Dol bb | Tel. 091/79 97 18 27
  www.konobadol.com

Bol 2 [E5]

Das schon zu römischen Zeiten bewohnte Bol wird von der felsigen Bergkette Bolska kruna nach Norden hin vor der Bora abgeschirmt. Das Gebirge schützt auch die herrlichen Strände, die sich zu beiden Seiten der Insel ausbreiten.

Der berühmteste unter ihnen ist das **Goldene Horn** (Zlatni rat): Wie eine stumpfe Harpune ragt die Landzunge mit ihrem berühmten hellen Sand- und Kiesstrand 400 m in das azurblaue Meer hinein.

Info

Tourismusverband

- Porat bolskih pomoraca bb
  21420 Bol | Tel. 021/63 56 38
  www.bol.hr

Hotels

Ivan €€€

Stimmungsvolles Haus mit Familienapartments und Wellnesscenter im Herzen der Altstadt.

- David Cesta 11 A | Tel. 021/64 08 88
  www.hotel-ivan.com

Villa Giardino €€

Charmante stilvolle Villa in Strandnähe mit nur 10 Zimmern, Sauna, Garten und herrlicher Frühstücksterrasse.

- 2 Novi Put | Tel. 021/63 59 00
  www.dalmacija.net/bol/villagiardino

Restaurant

Ribarska kučica €€

Die »Fischerhütte« in einem rustikalen Steinhaus am Strand überzeugt mit frischem Fisch. **50 Dinge** (18) › S. 14.

- Ante Starčevića bb | Tel. 021/63 50 33
  www.ribarska-kucica.com

Nightlife

Cocktail Bar Varadero

Tagsüber entspanntes Café, abends heizen DJs die Stimmung an.

- Frane Radića 1
  Mobil-Tel. 091/2 33 34 71
  www.varadero-bol.com

Aktivitäten

Big Blue Sports

Sportcenter für Windsurfer. In der Wasserstraße zwischen Brač und Hvar herrschen optimale Bedingungen. Auch Kajak-, Paddelboot- und Mountainbikeverleih.

- Podan Glavice 2 | Bol
  Mobil-Tel. 091/4 49 70 87
  www.bigbluesport.com

Omiš 3 [E5]

Omiš liegt am Ausgang einer ! bei Kletterern beliebten Schlucht, die der Fluss Cetina in Jahrtausenden durch das Mosor-Gebirge fraß. An vergangene, kriegerische Jahrhunderte erinnert heute die Ruine der Festung **Starigrad** mit quadratischem Turm und halb verfallenen, hoch am Berghang liegenden Mauern. Gut 300 Höhenmeter sind bis dorthin zu bewältigen, aber am Ende wird man mit einem herrlichen Blick über die Cetina-Schlucht und die Stadt belohnt.

Karte S. 106

Ausflug in die Cetina-Schlucht **Süddalmatien**

In der eindrucksvollen Cetina-Schlucht

In Omiš findet im Juli-Wochenenden das beliebte Klapa-Festival mit Chören aus ganz Dalmatien statt. Die traditionelle Liedform wird zumeist von Männern gesungen und erlebt seit einigen Jahren eine Renaissance.

Info
Tourismusverband
- Trg kneza Miroslava bb
  21310 Omiš
  Tel. 021/86 13 50
  www.visitomis.hr

Hotel
Villa Dvor €€€
Boutiquehotel in Traumlage auf einem Felsen oberhalb der Cetina mit Panoramaterrasse und Restaurant.
- Mosorska cesra 13
  Tel. 021/86 34 44
  www.hotel-villadvor.hr

Restaurant
Konoba Milo €€
Sympathisches Lokal im Zentrum mit Grillgerichten und knackigen Salaten.
- Knezova Kačića 15 | Tel. 021/86 11 85

Ausflug in die Cetina-Schlucht

Abwechslung und fantastische Landschaftsimpressionen verspricht die Fahrt von Omiš durch die imposante Schlucht der Cetina nach Brela an der Makarska-Riviera. Ganz eng stehen die Felswände zu Beginn beieinander, dann weitet sich die Schlucht, um bei **Zadvarje** 4 [E5] schließlich noch einmal zu spektakulären Formationen zu finden. Mehrere Restaurants in schöner Lage laden unterwegs zur Rast. **50 Dinge** ⑨ › **S. 13.**

Restaurant
Kaštil Slanica €€
In dem schön an der Cetina gelegenen Lokal werden geräucherter Aal und gegrillte Forelle serviert.
- 5 km von Omiš | Straße nach Zadvarje
  Tel. 021/86 17 83
  www.radmanove-mlinice.hr

Riviera von Makarska ★

Kilometerlange Strände mit feinem Kies oder Sand, smaragdgrüne Buchten vor der Kulisse des beeindruckenden Biokovo-Massivs, Hotels und Dörfer, die wie Schwalbennester an der Steilküste kleben, machen die Makarska-Riviera zwischen Brela und Gradac zu einem der schönsten Küstenstreifen an der Adria. Hvar und Brač liegen nur einen Katzensprung davon entfernt.

Über der Makarska-Riviera

Brela 5 [E5]

Das Städtchen, die »Perle der Riviera von Dalmatien«, steht bei Badeurlaubern seit Langem hoch im Kurs, denn der von Bäumen gesäumte weiße Kiesstrand gehört zu den schönsten zwischen Split und Dubrovnik. Der ältere Ortsteil **Gornja Brela** zieht sich entlang der alten Küstenstraße, die höher an der Bergflanke entlang gen Pisak verläuft. Das moderne **Donja Brela** nistet unten am Küstenstreifen.

Info
Tourismusverband
- Trg Alojzija Stepinca bb
  21322 Brela | Tel. 021/61 84 55
  www.brela.hr

Hotels
Bluesun Berulia €€€
Das luxuriöse Strandhotel in einem üppigen Park ist ideal für sportlich aktive Familien. Mit Restaurant.
- Frankopanska 66 | Tel. 021/60 35 99
  www.brelahotelberulia.com

Marina & Maestral €€
Alle Zimmer der in einem Pinienhain gelegenen Hotelanlage sind mit einem Balkon ausgestattet und bieten Meerblick. Umfangreiches Sportangebot und Nachtklub.
- Filipinska 1 | Tel. 021/60 88 89
  www.hotelmarinaadria.com

Restaurant
Punta Rata €€
Nördlich von Brela am Strand Punta Rata wird gute Fischküche und Fleisch vom Grill serviert.
- Tel. 021/61 86 46

Karte S. 106

Riviera von Makarska **Süddalmatien**

Makarska [F5]

Der Hauptort (14 000 Einw.) der gleichnamigen Riviera am Fuße des Biokovo-Gebirges eröffnete bereits 1914 das erste Hotel für Kurgäste. Auf der von langen Palmenreihen und Cafés gesäumten Hafenpromenade **Marineta**, die sich mit dem dahinterliegenden Altstadtkern wie ein antikes Theater um die Hafenbucht aufbaut, herrscht im Sommer Hochbetrieb. Im Herzen der Altstadt öffnet sich der Hauptplatz, den auf beiden Seiten alte Bürgerhäuser, barocke Residenzen und die Kirche **Sveti Marko** (1776) umgeben.

Das Zentrum von Makarska mit der Kirche Sveti Marko

Info

Tourismusverband
- Obala Kralja Tomislava 16
  21300 Makarska | Tel. 021/61 20 02
  www.makarska-info.hr

- Obala Kralja Tomislava
  Tel. 021/61 52 44
  www.holidaymakarska.com

Verkehr

Busterminal
Busse nach Split und Dubrovnik.
- Ante Starčevića | Tel. 021/61 23 33

Fährverbindungen: Jadrolinija-Autofähren nach Sumartin/Insel Brač.

Hotels

Meteor €€€
Renoviertes Komforthotel am Strand; Fitnesscenter, Indoor-Pool.
- Petra Krešimira IV bb
  Tel. 021/56 42 00
  www.hoteli-makarska.hr

Biokovo €€
Am Hafen gelegenes, gepflegtes Haus mit eigenem Restaurant. Viele Zimmer mit Balkon und Meerblick.

Porin €€
Zauberhaftes kleines Privathotel mit Dachterrasse und Restaurant in neoromanischem Schlösschen.
- Marineta 2 | Tel. 021/61 37 44
  www.hotel-porin.hr

Restaurants

Konoba Kalalarga €€
Abseits vom Rummel an der Riva, in einer Altstadtgasse gelegen, ist diese Konoba noch ein authentisch-dalmatinisches Lokal mit schnörkelloser Küche.
- Kalalarga 40
  Mobil-Tel. 098/9 90 29 08

Stari Mlin €€
Serviert Fisch und Meeresfrüchte mit frischen Kräutern.
- Prvosvibanjska 43 | Tel. 021/61 15 09

Podgora 7 [F5]

Der Ort, der übersetzt »unterm Berg« heißt, liegt entsprechend schön am Fuß des Biokovo-Gebirges, umgeben von terrassierten Weingärten und Olivenhainen. Podgora besitzt sogar noch eine kleine Fischfangflotte, alles beherrschend sind jedoch die Hotels und Ferienhäuser unten am Meer. Von der Renovierungswelle wurden diese allerdings noch nicht erfasst, der Standard ist eher einfach.

Insel Hvar ★

Hvar rühmt sich, mit 2716 Sonnenstunden pro Jahr der sonnenverwöhnteste Ort in Kroatien zu sein. Zudem fasziniert die rund 68 km lange und bis zu 11 km breite Insel (15 000 Einw.) mit ihrer Pflanzenpracht: Hier wachsen Palmen, Agaven, Oleander, Kakteen, Zypressen und Johannisbrotbäume. **50 Dinge** ㉔ › S. 15.

Verkehr

Autofähren verkehren zwischen Split und Stari Grad; Hvar-Stadt wird nur von Passagierschiffen angefahren.

Hvar-Stadt 8 [E6]

Malerisch in einer Bucht im Inselwesten gelegen, wartet der Inselhauptort mit einer romantischen Altstadt auf, deren Mittelpunkt der mit hellen Marmorplatten gepflasterte Hauptplatz ist. Beachtung verdient das **Hotel Palace**, das mit einer eleganten, über 500 Jahre alten **Loggia** ein besonderes Juwel zu bieten hat. An der Schmalseite des Platzes thront die **Stephanskathedrale** (Sveti Stjepan) mit einem fünfgeschossigen Campanile und einer reizvollen Renaissancefassade. Einheimische Frauen verkaufen an Marktständen Hvars duftendes Naturprodukt: Lavendel. Dem Gotteshaus gegenüber liegt am anderen Ende des Platzes das von Palmen und Gartenanlagen umgebene Hafenbecken. Steigt man vor dem alten, wuchtigen **Arsenal**, einst Dock für Kriegsschiffe, die Außentreppe zur Terrasse hinauf, bietet sich ein grandioser Blick auf den **Hafen** und die umgebende Altstadt. Vom Hafen fahren im Sommer Ausflugsboote zu den vorgelagerten **Hölleninseln** (Pakleni otoci) und zur sandigen FKK-Bucht Palmižana auf der Badeinsel **Sveti Klement**.

Im Süden der Stadt an der Kriza-Bucht liegt inmitten blühender Gärten das von 1461 bis 1471 erbaute **Franziskanerkloster**. Im Refektorium sind wertvolle Bücher, Münzen und Gemälde alter Meister wie etwa des venezianischen Malers Palma il Vecchio ausgestellt. Schönster Teil der Klosteranlage ist der aus der Renaissance stammende Kreuzgang (Mai–Okt. Mo–Sa 9–15, 17– 19 Uhr).

Info

Tourismusverband
- Trg Sv. Stjepana | 21450 Grad Hvar
  Tel. 021/74 29 77
  www.tzhvar.hr

Hotels

Alle Hotels in Hvar-Stadt und Umgebung (bis auf das Podstine) findet man online unter www.suncanihvar.com.

Karte
S. 106

Insel Hvar **Süddalmatien**

Blick von der Festung auf den Hafen von Hvar

Riva €€€
❗ Designermöbel, das hervorragende Restaurant und die BB Bar mit Hvars schönstem Sonnenuntergangsblick machen das Riva zu etwas Besonderem.
• Riva bb | Tel. 021/75 01 00

Palace €€
Nobles Haus in venezianischem Palazzo beim Glockenturm am Hafen. Mit Panoramarestaurant und beheiztem Pool.
• Trg sv. Stjepana bb | Tel. 021/74 19 66

Podstine €€
Privathotel mit geschmackvoller Einrichtung, eigenem Badeplatz und Garten.
• Zagebačka 13 | Tel. 021/74 04 00
  www.podstine.com

Restaurants
Zlatna Školka €€€
❗ Die »Goldene Muschel« zeichnet sich durch hübsche Altstadtlage aus. Der Fisch ist von tadelloser Frische.
• Matije Ivanića 40
  Mobil-Tel. 098/9 17 73 86

Macondo €€
Bekannt für gute Fischspezialitäten.
• Ulica Petra Hektorovića
  Tel. 021/74 28 50

Palača Paladini €€
Ein Palast ist das Restaurant nicht, doch im Innenhof mit Orangenbäumchen speist man fürstlich delikate Fischküche.
• Trg Tv. Petra Hektorovića 4
  Tel. 021/74 21 04

Nightlife
Carpe Diem
Beliebte Bar mit DJs; je später der Abend, desto ausgelassener die Party.
50 Dinge (24) › S. 15.
• Riva bb | Tel. 021/74 23 69
  www.carpe-diem-hvar.com

Falko Bar
Die lässige Beach-Bar unweit des Hotels Anfora zählt zu den neuen Hotspots im Nachtleben der Inselhauptstadt.
• Šet. Tonia Petrića 22
  Mobil-Tel. 095/2 33 52 96

Shopping

Kloster der Benediktinerinnen
Im Kloster werden Spitzendeckchen aus Agavenfasern verkauft. Die edlen Stücke haben allerdings ihren Preis.
- Matija Ivanica 13
  Tel. 0 21/74 10 52

Stari Grad 9 ★ [E6]

Der 1800 Einwohner zählende Ort liegt an einer tief ins Land reichenden Bucht, die schon die Griechen zu schätzen wussten. Sie gründeten hier im 4. Jh. v. Chr. den Hafen Pharos.

Ihre damals angelegten, rechteckigen, von Steinmauern begrenzten Felder, die als »Chora« bezeichnet werden, sind bis heute erhalten geblieben und seit dem Jahr 2008 als **Starigradsko polje** Kroatiens siebtes und jüngstes Weltkulturerbe in der UNESCO-Liste. Bei der Besichtigung ist die historische Bedeutung aber nur schwer nachzuvollziehen.

Der ehemalige Palast des kroatischen Renaissancedichters Petar Hektorović (1487–1572), das wehrhafte **Schloss Tvrdalj** mit Säulengängen, eigenem Teich und Gärten, zeigt, dass die bessere Gesellschaft der Renaissance kein schlechtes Leben führte (Juni–Sept. tgl. 9–13, Juli/Aug. auch 17–21 Uhr).

Ein Stück weiter präsentiert das **Museum für Unterwasserarchäologie** im wunderbar restaurierten Palazzo Biankini römische Amphoren und Funde aus dem griechischen Pharos (Juli, Aug. tgl. 10–13, 17–21, Mai, Juni, Sept., Okt. 16–18 Uhr).

Info

Tourismusverband
- Obala F. Tuđmana 1
  21460 Stari Grad
  Tel. 021/76 57 63
  www.stari-grad-faros.hr

Restaurant

Eremitaž €€
Das schattige Gartenlokal liegt hübsch gegenüber von Stari Grad am Meer; beste Fisch- und Grillgerichte.
- Obala hrvatskih branitelja
  Mobil-Tel. 091/5 42 83 95

In den Straßen von Stari Grad auf Hvar

Neretva-Delta

Bei der Hafenstadt **Ploče** 10 [F6] beginnt das Mündungsdelta der Neretva mit seinen durch Kanäle parzellierten Obst- und Gemüsefeldern. Die verbliebenen, ökologisch wertvollen Flussauen sind Lebensraum vieler Vogelarten.

Entlang der Neretva ins Landesinnere trifft man unweit der

Karte S. 106

Halbinsel Pelješac **Süddalmatien**

Provinzhauptstadt Metkovič, bei **Vid** 11 [F6], auf die römische Ausgrabungsstätte **Narona**. Im Archäologischen Museum in Vid sind die wertvollen Funde, darunter Statuen des Kaiserpaares Augustus und Livia, zu bewundern (20352 Vid, www.m-a-narona.hr, Juni–Sept., Di bis So 9–19, Okt.–Mai, Mo–Fr 9–16, Sa 9–17, So 9–13 Uhr).

Halbinsel Pelješac

Hinter dem Städtchen Ston an der Landenge zwischen Festland und Halbinsel zeigt die Pelješac zwei unterschiedliche Gesichter: Die Nordostküste erinnert in ihrer Kargheit an skandinavische Gestade; die Südwestküste passt hingegen ins mediterrane Bild der Region. Täler mit Feigen- und Zitruskulturen wechseln sich ab mit Kiefernwäldern und Weingärten.

Ston 12 [G6]

Die Ortschaft, bestehend aus Veliki Ston (600 Einw.) und Mali Ston (200 Einw.), ist das Tor zur Halbinsel Pelješac. Schon vor über 2000 Jahren waren die beiden Ortsteile für ihre profitable Salzgewinnung bekannt. Seit dem 14. Jh. riegelt eine kilometerlange, mit Türmen und Bastionen versehene **Mauer** den schmalen Zugang zur Halbinsel vom Festland komplett ab, um die Salinen gegen potenzielle Angreifer zu schützen (http://citywallsdubrovnik.hr, April, Mai, Aug., Sept., 8 bis 18.30, Juni, Juli 8–19.30, Okt. 8–16, Winter 9–15 Uhr). **50 Dinge** ④ › **S. 12**.

Zitruskulturen südwestlich von Pelješac

Die historische Befestigungsanlage hielt auch dem verheerenden Erdbeben der Stärke 6,0 im September 1996 stand, nicht aber der historische Kern von **Veliki Ston**. Am hübschen Hafen in **Mali Ston** steht als Endpunkt der Bastion ein mächtiger Turm, der sich zwischen bunten Booten im Wasser spiegelt. Mehrere Restaurants und Pensionen beanspruchen den idyllischen Platz für ihre Tische und Stühle, an denen die Gäste Austern schlürfen oder fangfrisches Meeresgetier.

Info

TZG
- Pelješki put | 120230 Ston
  Tel. 020/75 44 52 | www.ston.hr

Hotel

Ostrea €€
Mit »antiken« Möbeln dekoriertes Hotel (9 Zi.) am Hafen; gutes Restaurant › **S. 118**.
- Mali Ston | Tel. 020/75 45 55
  www.ostrea.hr

Süddalmatien — Halbinsel Pelješac

Restaurants
Mlinica €€
Sehr gutes Restaurant am Hafen, im Hotel Ostrea › S. 117, mit großer Fischkarte und frischen Austern.
- Mali Ston | Tel. 020/75 45 55
  www.ostrea.hr

Konoba Bakus €
Preiswerte Konoba in der Altstadt mit leckeren Muscheln, gewürztem Oktopussalat und Fischplatte.
- Angeli Radovani 5
  Veliki Ston
  Tel. 020/75 42 70

Orebić 13 [F6]

Der lang gezogene Ort (1500 Einw.) liegt am Fuße des 961 m hohen Bergs Sveti Ilija. Er schirmt das Kapitäns- und Hafenstädtchen gegen kühle Winde ab, und so reifen hier Feigen, Zitronen und Orangen. Wer sich für Schifffahrt interessiert, findet hier im **Marinemuseum** mit Karten, Instrumenten und Schiffsmodellen einen guten Einblick in die lange Geschichte Orebićs als Seehandelsstadt (Juni–Sept., Mo–Fr 7–20, Sa, So 16–20, Winter Mo–Fr 7–15 Uhr).

Ein fantastischer Aussichtspunkt mit Blick über den Kanal von Orebić auf die Insel Korčula eröffnet sich vom **Franziskanerkloster** hoch über der Stadt. **50 Dinge** (7) › S. 12.

Info
Tourismusverband
- Zrinsko-frankopanska 2
  20250 Orebić
  Tel. 020/71 37 18
  www.visitorebic-croatia.hr

SEITENBLICK

Weinbauparadiese

Die Halbinsel Pelješac und die Insel Korčula gehören zu den führenden kroatischen Weinbauregionen. In dem von Bergflanken geschützten, sonnenverwöhnten Zentrum von **Pelješac** reifen an terrassierten Hängen die roten Plavac-Mali-Trauben. In Gütern um die Winzergemeinde Potomje werden sie je nach Herkunft unter Dingač und Postup abgefüllt. Verköstigen und kaufen kann man die guten Tropfen entlang einer neuen **Weinstraße**. In Trstenik z. B. baut die Kellerei Grgić den Plavac Mali in Barrique-Fässern aus (Tel. 020/74 80 90, www.grgic-vina.com). Vina Matuško in Potomje produziert den charakteristischen roten Dingač, zudem naturreines Olivenöl (Tel. 020/74 23 99, http://matusko-vina.hr). Ein köstlicher Weißwein aus Marastina- und Rukatac-Trauben wird in Putniković hergestellt und unter dem Namen Sveta Ana verkauft. Auch **Korčulas** Klima und Böden bieten beste Bedingungen für den Weinbau, besonders für die weißen Rukatac-, Grk- und Marastina-Weine. Hervorragenden Grk kann man in Lumbarda z. B. bei Winzer Branimir Cebalo (Tel. 020/71 20 44, www.grk-cebalo.com) verkosten. In Čara keltert die Vinarija Šain-Marelić einen der besten Pošip-Weine (Tel. 020/83 31 16), Vinarija Toreta in Smokvica hat sich ebenfalls auf Pošip spezialisiert, verkauft aber auch Honig und Olivenöl (Tel. 020/83 21 00).

Karte
S. 106

Insel Korčula **Süddalmatien**

Weinlese auf Korčula, einem Zentrum des kroatischen Weinanbaus

Hotels
Indijan €€€
Modernes kleines Strandhotel, Wellnessangebot und Restaurant unter Palmen.
- Skvar 2 | Tel. 020/71 45 55
  www.hotelindijan.hr

Boutique Hotel Adriatic €€
Das hübsch eingerichtete Haus besitzt einen Kiesstrand und das angenehme Restaurant Stari Kapetan.
- Šetalište Kneza Domagoja 8
  Tel. 020/71 44 88
  www.hoteladriaticorebic.com

Restaurants
Konoba Karako €€
Terrasse zum Meer und frisch gegrillte Fischgerichte – ein angenehmer Ort für einen entspannten Abend.
- Šetalište Kneza Domagoja 32
  Mobil-Tel. 098/9 76 83 71

Panorama €
An der Straße zum Kloster mit grandiosem Blick und vielen traditionellen Gerichten, so Tintenfisch aus der Peka.
- Bilopolje | Tel. 020/71 41 70

Insel Korčula

Mit 279 km² und 17 000 Einwohnern gehört Korčula zu den größeren Vorposten der dalmatinischen Küste. Ähnlich wie auf Pelješac verläuft die zentrale Inselstraße durch gebirgige Landschaft, deren höchste Erhebung der Klupca mit 568 m ist. Am Fuß des Bergrückens finden sich rund um die kleinen Dörfer ausgedehnte Rebgärten, die Korčula unschwer als Weinbauzentrum erkennen lassen › **S. 118**. Den früher dichten, dunklen Wäldern verdankte Korčula seinen antiken Namen Corcyra nigra, schwarzes Korfu.

Verkehr
Autofähren zwischen Orebić und Korčula-Stadt sowie zwischen Vela Luka und Split, außerdem Personenfähren bzw. Katamarane. Informationen bei Jadrolinija.
- Plokata 19
  20260 Korčula
  Tel. 020/71 54 10
  www.jadrolinija.hr

Vielen gilt Korčula als schönstes Städtchen der kroatischen Inselwelt

Korčula-Stadt 14 [F6]

Kein Wunder, dass die Inselhauptstadt (2900 Einw.) eines der bekanntesten Fotomotive Kroatiens ist: Die Altstadt liegt malerisch auf einer kleinen Halbinsel im Meer. Illyrer, Römer, Venezianer, Franzosen und Österreicher fühlten sich von der Schönheit der Insel angezogen und hinterließen dort ihre Spuren. Der historische Stadtkern gehört zu den stimmungsvollsten Relikten des Mittelalters in Dalmatien. Steigt man die barocke Freitreppe hinauf, die zum wehrhaften Stadtmauerring führt, fühlt man sich hinter dem **Landtor** (Veliki Revelin) ins Mittelalter versetzt. Über viele stürmische Jahrhunderte hinweg blieb das Stadtbild im Großen und Ganzen unversehrt erhalten, weil Korčula »weit ab vom Schuss« lag – im wahrsten Sinne des Wortes.

Hinter dem Landtor öffnet sich der Platz Braća Radić mit einem **Triumphbogen** auf der Innenseite des Tores zu Ehren des venezianischen Verwalters von Dalmatien, Leonardo Foscolo. Beim **Rathaus** aus der Renaissance, das über eine Loggia und einen Arkadengang verfügt, führt ein Durchgang zum **Conte-Palast**, dem Amts- und Wohnsitz des ehemaligen Statthalters.

Auf dem Platz an der höchsten Stelle der Altstadt thront die seit Beginn des 15. Jhs. erbaute **Markuskathedrale** (Sveti Marko). Der aus dem Ort stammende Künstler Marko Andrijić schuf neben der Fensterrose auch das von vier runden Säulen gestützte Ziborium über dem Altar. Zu den Prunkstücken des Innenraumes gehören Gemälde berühmter Maler, darunter Tintoretto und Leandro Bassano, und se-

Karte S. 106

Insel Korčula **Süddalmatien**

henswerte Bildhauerarbeiten von Ivan Meštrović (Juli, Aug. tgl. 9–19, sonst nur zur Messe).

Im angrenzenden ehemaligen **Bischofspalast** (Opatska Palača) werden in der Schatzkammer wertvolle Exponate wie Skizzen von Leonardo da Vinci, berühmte Gemälde sowie Silber- und Goldschmiedearbeiten aufbewahrt (im Sommer Mo–Sa 9–19 Uhr, im Winter nach Voranmeldung).

Von der Kathedrale führt in nördlicher Richtung eine Gasse zum Stadtturm **Zakrjan**. Gleich am Anfang der schmalen Verbindung steht das sogenannte **Geburtshaus von Marco Polo**, die Touristenattraktion der Stadt. Im Innern sind einige Exponate ausgestellt, die an den Weltreisenden erinnern. Vom Aussichtsturm des Hauses reicht der Blick über die Dächer der Altstadt. Ob Marco Polo wirklich in diesem Anwesen zur Welt kam, wird von vielen Historikern allerdings bezweifelt … (Mai–Okt. 9–14 Uhr).

Alljährlich werden im August in Korčula-Stadt die bekannten **Moreška-Ritterspiele** veranstaltet. In ihnen lebt die Erinnerung an jene Zeiten fort, als die Einwohner des Inselreiches von den Türken bedroht wurden. Bei den Moreška-Spielen tragen zwei rivalisierende Gruppen in historischen Kostümen einen Scheinkampf aus › **S. 47**.

Info
Tourismusverband
- Obala Tuđmana 4 | 20260 Korčula
  Tel. 020/71 58 67
  www.visitkorcula.eu

Hotels
Marko Polo €€
Das Haus liegt an der Uferpromenade gleich neben der Altstadt. Mit Restaurant, Schwimmbad, Wellness- und Sportangeboten.
- Šetalište F. Kršinića 102
  Tel. 020/72 61 00
  www.korcula-hotels.com

Privatzimmer und **Ferienhäuser** gibt es in großer Auswahl. Vermittlung über das Tourismusbüro oder unter: www.korcula.net.

Restaurants
Nonno €€
Gute Fischküche direkt an der Uferpromenade.
- Ul. Od teatra 12
  Tel. 020/71 56 72

Konoba Mate €€
Wunderbare kleine Konoba im Dörfchen Pupnat (Bus von Korčula-Stadt) mit authentischer Inselküche.
- Pupnat 28 | 20274 Pupnat
  Tel. 020/71 71 09

Lumbarda 15 [F6]
Rund 7 km südöstlich der Stadt Korčula liegt Lumbarda (1200 Einw.). Der kleine Touristenort besitzt einen Hafen und eine Marina, Ruinen aus der Römerzeit, mittelalterliche Kirchen und einige verstreut liegende Sommervillen. An mehreren fabelhaften Badestränden wie Tatinja, Przina und Bili Zal können auch Kinder gefahrlos spielen. In der Umgebung fällt der feinkörnige rötliche und gelbliche Sand ins Auge, auf dem besonders die Grk-

Süddalmatien Insel Korčula

Reben vorzüglich gedeihen, die den goldenen trockenen, aber schweren Weißwein liefern.

Smokvica 16 [F6]

Ein weiteres Zentrum der Weißweinproduktion auf Korčula ist Smokvica (1100 Einw.). Hier ist in der Pfarrkirche Mariä Lichtmess die Loggia einer Kirche aus dem 17. Jh. erhalten geblieben.

Vela Luka 17 [E6]

Die westlichste Stadt (4500 Einw.) der Insel liegt in einer tief eingeschnittenen Bucht. Wirtschaftlich bedeutend ist sie als Werft- und Fischereistandort.

Das Museum **Zbirka maslinarstva i uljarstva Zlokić** erklärt alles Wissenswerte über Anbau und Pressung von Olivenöl (Sommer Mo–Fr 10–12, 18–20 Uhr, Tel. 098/9 29 50 73, Voranmeldung erbeten).

Prähistorische Zeugnisse einer Besiedlung, die bis zu 20 000 Jahre zurückreichen, wurden in der Höhle **Vela Spila** gefunden, zu der ein Fußweg in 20 Min. hinaufführt (Infos beim Tourismusverband).

Info

Tourismusverband
- Obala 3, br. 19 | 20270 Vela Luka
  Tel. 020/81 36 19 | www.tzvelaluka.hr

Restaurant

Pod Bore €€
Restaurant am Hafen, das manchmal Girice auf der Karte hat: delikate, winzige gegrillte Fische mit Weißbrot.
- Obala 2 | Tel. 020/81 21 23
  www.podbore.com

Karte S. 106

Dubrovnik 18 ★ [G6]

Seinem Beinamen »Perle der Adria« wird Dubrovnik (45 000 Einw.) ebenso gerecht wie seinem Titel UNESCO-Weltkulturerbe. Vergangenheit und Gegenwart sind in der Stadt nur durch eine hölzerne Zugbrücke getrennt: Im lebhaften Hafenviertel überlagert das Tuten der großen Fähren und Kreuzfahrtschiffe das Rauschen des Verkehrs; hinter den Festungsmauern hingegen klingt das Gurren der Tauben und das Klappern von Absätzen in den alten Gassen.

Geschichte

Die Lage zwischen Venedig und dem Balkan bzw. dem östlichen Mittelmeer ließ das bereits im 7. Jh. gegründete Ragusa zu einem wohlhabenden und einflussreichen Handelshafen ab dem 13. Jh. heranwachsen. 1667 verwandelte ein Erdbeben einen Großteil der Stadt in ein Ruinenfeld, doch Dubrovnik wurde prächtig wieder aufgebaut. 1808 marschierten französische Truppen durch das Pile-Tor und beendeten die jahrhundertelange Unabhängigkeit der Stadt. Von 1815 bis 1918 stand sie unter der Herrschaft Österreichs und kam am Ende des Ersten Weltkrieges zu Jugoslawien.

Die jüngere Geschichte ist den Dubrovnikern besonders bitter in Erinnerung. Allein am Nikolaustag 1991 ging ein Hagel von über 2000 Granaten auf die Stadt nieder. Erst Ende September 1992 zog sich die jugoslawische Armee aus dem süd-

Karte S. 125

Dubrovnik **Süddalmatien**

Über den ziegelroten Dächern von Dubrovniks Altstadt

lichsten Zipfel Dalmatiens wieder zurück. Die Schäden, die der Krieg in der Weltkulturerbe-Stadt angerichtet hat, sind vor allem in der historischen Altstadt mit aufwendigen Restaurierungsarbeiten beseitigt worden.

Die Altstadt

Die von einem imposanten Mauerring umgebene autofreie Altstadt ist architektonisch von modernen Einflüssen bis heute fast unberührt geblieben. Der historische Kern stammt aus den Jahren nach dem Erdbeben von 1667.

Am westlichen Ende der Placa

Von Westen betritt man die Altstadt durch das im 15./16. Jh. erbaute **Pile-Tor** (Gradska vrata Pile) Ⓐ. Dahinter beginnt die knapp 300 m lange **Stradun** oder **Placa,** wie die Dubrovniker ihre liebste Flanier- und Einkaufsmeile nennen. Ursprünglich trennte hier ein kleiner Meeresarm zwei Stadtteile. Er wurde zugeschüttet und die Straße mit Marmorplatten belegt.

Früher dankten Reisende dem Himmel für ihr sicheres Ankommen in der 1520 erbauten **Erlöserkapelle** (Sveti Spas) Ⓑ, deren Fassade eine hübsche, gotische Fensterrose schmückt. Davor bildet der kuppelförmige **Große Onofrio-Brunnen** (Velika Onofrijeva fontana) Ⓒ mit seinen 16 Wasserspeiern einen beliebten Treffpunkt. Baumeister Onofrio della Cava arbeitete 1438 bis 1444 an diesem Werk.

In der Kirche des ab dem Jahr 1317 errichteten **Franziskanerklosters** (Franjevački samostan) Ⓓ fand der Dichter Ivan Gundulić seine letzte Ruhestätte. Ältester Teil des Klosters ist ein stiller, frühgotischer Kreuzgang. Sehenswert ist die einstige Klosterapotheke mit z. T.

123

originaler Einrichtung (Placa 2, Sommer tgl. 9–18, Winter tgl. 9 bis 14 Uhr). Gesäumt von Patrizierhäusern, führt die Placa nach Osten zum Luža-Platz.

Am östlichen Ende der Placa

An dem schmucklosen Glockenturm weitet sich die Hauptstraße zum **Luža Platz** (Trg Luža) ★, dem Schaustück des alten Dubrovnik. Er verdankt diese Auszeichnung dem bis 1522 erbauten **Sponza-Palast** (Palača Sponza) ★ **E**, der als Zollamt und Bank diente und heute die historischen Archive und einen Gedenkraum für die Opfer des Jugoslawienkriegs beherbergt. Zierliche Arkaden und gotische Maßwerkfenster schmücken die Fassade (Mai–Okt. 10–22, sonst 9–15 Uhr).

Davor steht der **Roland** **F** aus dem 15. Jh., über dem von 1419 bis 1808 die Flagge der Republik Ragusa wehte. Tauben umschwirren den **Kleinen Onofrio-Brunnen**. Er ist mit seinen fratzenhaften Fischfiguren das Pendant zum Großen Onofrio-Brunnen am Beginn der Placa.

In dem neogotischen **Alten Ratspalast** **G** residieren das Theater, die Stadtverwaltung und das in einer stilvollen Mischung aus Nostalgie und Moderne renovierte Gradskavana, Dubrovniks schönstes Café (Pred Dvorom 1, Tel. 020/32 12 02, www.gradska-kavana-arsenal.com).

Zum Ploče-Tor und auf die Stadtmauer

Die im 18. Jh. errichtete **St. Blasius-Kirche** **H** (Sveti Vlaho) ist dem Schutzheiligen der Stadt geweiht. Seine goldverzierte Statue auf dem Hochaltar wird von den Einheimischen hoch in Ehren gehalten (tgl. 7–12, 16–18 Uhr).

Weiter geht es zum **Dominikanerkloster** (Dominikanski samostan) **I** aus dem 14. Jh. Es grenzt an die Stadtmauer und passt sich der Wehrarchitektur bestens an. Das darin untergebrachte Museum zeigt sakrale Gegenstände, kostbaren Schmuck, Reliquien und Priestergewänder (Sv. Dominika 4, März bis Dez. 9–18, Jan., Feb. 9–17 Uhr).

Schließlich erreicht man das **Ploče-Tor** (Vrata od Ploča) **J** mit seiner Zugbrücke. Am Ploče- wie auch am Pile-Tor gibt es die Möglichkeit, auf die mächtige **Gradske zidine** hinaufzusteigen und einen gut 2 km langen Spaziergang auf der **Stadtmauer** um die gesamte Altstadt mit herrlichen Ausblicken zu unternehmen (April–Mai, Aug.–Mitte Sept. 8–18.30, Juni/Juli 8–19.30, Mitte Sept.–Okt. 8–17.30, sonst mind. 10–15 Uhr).

Der Sponza-Palast am Luža-Platz

Dubrovnik **Süddalmatien**

Auf der Ostseite der Stadtmauer blickt man auf den **Alten Stadthafen** (Stara luka) K, der vom klotzigen **Fort Sveti Ivan** L mit monumentalen Türmen bewacht wird. Darin zeigt das **Schifffahrtsmuseum** (Pomorski Muzej) Schiffsmodelle, Waffen, Karten und nautische Instrumente (Sommer Di–So 9–18, Winter Di–So 9–16 Uhr) und das **Aquarium** in 27 Bassins Lebewesen der Unterwasserwelt (Sommer tgl. 8–19.30, Winter Mo–Sa 10–13 Uhr).

In der südlichen Altstadt

Die barocke **Kathedrale Mariä Himmelfahrt** (Velika Gospa) M, die nach dem Erdbeben von 1667 auf den Fundamenten einer Basilika aus dem 7. Jh. entstand, birgt einen echten Tizian: das Altarbild »Mariä Himmelfahrt«. Die Schatzkammer präsentiert Reliquien und Goldschmiedearbeiten (Kneza D. Jude 1, Sommer Mo–Sa 9–16, So 11–16, Winter Mo–Sa 9–12, 16–17, So 11 bis 12, 15–17 Uhr).

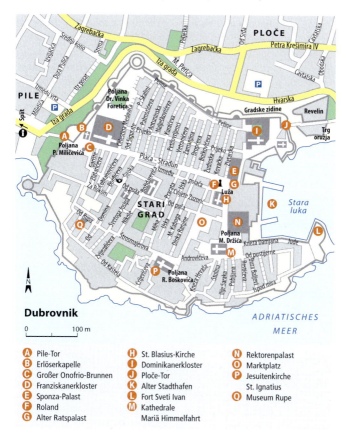

Dubrovnik

A Pile-Tor
B Erlöserkapelle
C Großer Onofrio-Brunnen
D Franziskanerkloster
E Sponza-Palast
F Roland
G Alter Ratspalast
H St. Blasius-Kirche
I Dominikanerkloster
J Ploče-Tor
K Alter Stadthafen
L Fort Sveti Ivan
M Kathedrale Mariä Himmelfahrt
N Rektorenpalast
O Marktplatz
P Jesuitenkirche St. Ignatius
Q Museum Rupe

Zu den imposantesten Zeugnissen aus Dubrovniks Blütezeit gehört der **Rektorenpalast** (Knežev Dvor) **N**, dessen Bau 1435 nach Plänen von Onofrio della Cava begann und später im Renaissancestil beendet wurde. Der Palast diente der Stadtverwaltung und als Wohnung des Rektors, der immer nur einen Monat im Amt war und in dieser Zeit den Palast nicht verlassen durfte.

Durch eine offene Arkadenhalle gelangt man in den Innenhof mit einer eleganten Barocktreppe. Im Sommer erklingt hier im Rahmen des Dubrovnik-Festivals klassische Musik (www.dubrovnik-festival.hr, Juli–Aug.). In den oberen Etagen des Palasts residiert das **Stadtmuseum** (Dubrovački muzeij), das wertvolles Mobiliar und Kunst präsentiert (Pred Dvorom 3, im Sommer tgl. 9–18, im Winter 9–16 Uhr).

Auf dem in der Nähe gelegenen **Marktplatz** (Gundulićeva Poljana) **O** umlagern Obst- und Gemüsestände (tgl. außer So 8–12 Uhr), schwatzende Bauern und deren Kunden das Denkmal des Dichters Ivan Gundulić. Eine Barocktreppe führt hinauf zur 1725 geweihten **Jesuitenkirche St. Ignatius** (Sveti Ignacije) **P**, deren Stolz die eindrucksvollen Fresken sowie die älteste Glocke der Stadt sind. **50 Dinge** (36) › S. 16.

Das ethnografische **Museum Rupe** (Muzej Rupe) **Q** ist in dem alten Kornspeicher der Stadt aus dem Jahr 1543 untergebracht und präsentiert hier interessante volkskundliche Exponate zur Kultur- und Wirtschaftsgeschichte von Dubrovnik und Dalmatien von der Antike bis zum späten Mittelalter (Sommer Mi–Mo 9–22, Winter Mi bis Mo 9–16 Uhr).

Dubrovnik wird von vielen Fähr- und Kreuzfahrtschiffen angelaufen

Karte
S. 125

Dubrovnik **Süddalmatien**

Vom nahe gelegenen Berg Srđ genießt man einen fantastischen Blick (Juni–Aug. 9–24, Mai, Sept. 9–22, April, Okt. 9–20, Feb., März, Nov. 9 bis 17, Dez., Jan. 9–16 Uhr, www.dubrovnikcablecar.com).

Info
Tourist Info Center
- Brsalje 5, Pile | 20000 Dubrovnik
  Tel. 020/31 20 11 | www.tzdubrovnik.hr

Verkehr
Dubrovnik Airport
Bus ins Stadtzentrum (ca. 20 Min).
- 20213 Čilipi Konavle
  etwa 22 km südlich | Tel. 020/77 31 00
  www.airport-dubrovnik.hr

Busverbindungen
Busse nach Split, Zagreb, Rijeka.
- Obala Pape Ivana Pavla II
  am Hafen Gruž | Tel. 0800/19 10
  www.libertasdubrovnik.hr

Jadrolinija
Fähren vom Hafen Gruž auf die Elaphitischen Inseln und nach Mljet.
- Obala S. Radiča 40 | Tel. 020/41 80 00
  www.jadrolinija.hr

Hotels
Grand Villa Argentina €€€
Sehr luxuriöser Komplex mit Strand, Pool, Wellnesscenter und Tennisplatz.
- Frana Supila 14 | Tel. 020/44 05 55
  www.adriaticluxuryhotels.com

The Pucić Palace €€€
! Elegantes, kleines 5-Sterne-Hotel mit nur 19 Zimmern im Altstadtzentrum.
- Ulica od Puca 1 | Tel. 020/32 62 22
  www.thepucicpalace.com

Lapad €€
Stilvoll eingerichtetes renoviertes Haus in schöner Lage, Pool.
- Lapadska obala 37 | Tel. 020/45 55 55
  www.hotel-lapad.hr

Vila Micika €€
Pension im Vorort Lapad, einfache, ruhige Zimmer.
- Mata Vodopića 10 | Tel. 020/43 73 32
  www.vilamicika.hr

Old Town Hostel €
Die acht hell eingerichteten Zwei- und Mehrbettzimmer im Herzen der Altstadt sind ideal für junge Leute.
- Od Sigurate 7 | Tel. 020/32 20 07
  www.dubrovnikoldtownhostel.com

Restaurants
Das Angebot in der beliebten Prijeko-Straße ist sehr touristisch. Besser essen kann man hier:

Atlas Club-Nautika €€€
! Candle-Light-Dinner mit Räucherlachs, Meeresfrüchten oder Langusten.
- Brsalje 3 | Tel. 020/44 25 26
  www.nautikarestaurant.com

Kamenice €€
In dem Restaurant am Marktplatz kann man frische Austern bereits zum Frühstück schlürfen.
- Gundulićeva Poljana 8
  Tel. 020/32 36 82

Bistrot Tavulin €€
Das winzige Lokal hinter der Blasiuskirche serviert Raritäten wie Oktopus-Ragout oder Rindsbäckchen.
- Zvjete Zuzorić 1 | Tel. 32 39 77
  www.tavulin.com

Süddalmatien Dubrovnik

Karte S. 125

Orhan €€
Das hübsch unterhalb des Forts Lovrijenac am Wasser gelegene Restaurant serviert leckere Fisch- und Fleischgerichte sowie eine gute Auswahl an Risotti und Salaten.
- Od Tabakarije 1 | Tel. 020/41 19 18

Oliva €
Eine nette, preiswerte Pizzeria für den schnellen Hunger.
- Lučarica 5 | Tel. 020/32 45 94

Nightlife
Buža I und II
Die beiden Bars auf den Uferfelsen vor der südlichen Stadtmauer sind total romantisch und absolut in – einfach den Schildern »cold drinks« folgen, auf Felsen oder an Cafétischchen Platz nehmen und genießen!!

Banje Beach Club
Trendiger Szeneklub am Banje-Strand, östlich der Altstadt.
- Frana Supila bb
  www.banjebeach.com

Lazareti
Technofans treffen sich am Ploče-Tor. Dort findet in den drei Tagen vor dem Jahreswechsel auch der heißeste New Years Rave Kroatiens statt.
- Frana Supila 8 | Tel. 020/42 34 97

Sky Bar
Der beliebte Klub am Pile-Tor spricht vor allem feier- und trinkfreudige Gäste an.
- Brsalje 8 | Mobil-Tel. 091/4 20 20 94

Trubadur
Guter Pub mit Livejazz.
- Bunićeva poljana 2 | Tel. 020/32 34 76

Ausflüge von Dubrovnik
Insel Lokrum
Sonnenbaden, Schwimmen und Schnorcheln in Altstadtnähe kann man auf der vorgelagerten Insel **Lokrum**. Schiffe verkehren ab dem Alten Hafen, in der Saison 9–19 Uhr.

Cavtat 19 [G6]
Wo einst das antike Epidaurum lag, schmiegt sich heute das Städtchen Cavtat südöstlich von Dubrovnik an eine malerische Bucht. Die baumbestandene Hafenpromenade führt vorbei am **Rektorenpalast** (16. Jh.) zur Kirche **Sveti Vlaho** mit einem schönen Renaissancekreuzgang.

Südlich von Cavtat beginnt die Agrarlandschaft des Konavle. In **Čilipi** führt eine mitreißende Folkloregruppe im Sommer sonntags gegen 11 Uhr Tänze und Lieder auf. **50 Dinge** (6) › S. 12.

Restaurant
Taverna Galija €€€
Ein kulinarischer Höhepunkt: Es gibt Köstlichkeiten wie Seegurke mit Fenchelsoße und Fischcarpaccio.
- Vuličevićeva 1 | 20210 Cavtat
  Tel. 020/47 85 66 | www.galija.hr

Insel und Nationalpark Mljet 20 ⭐ [F6]
Mljet ist ein bergiges Naturreservat, in dem blaue Seen zwischen sattgrünen Wäldern glitzern und Sand- und Kieselstrände die Küsten säumen. Den größten Teil der Insel Mljet bedecken Aleppokiefern- und

Ausflüge von Dubrovnik **Süddalmatien**

Das grüne Inselparadies Mljet ist knapp 100 km² groß

Steineichenwälder. In den geschützten Buchten **Sapčunari** und **Blace** im Osten liegen die schönsten Badestrände, im äußersten Westen findet man die miteinander verbundenen Salzwasserseen **Malo jezero** und **Veliko jezero**. Auf einer Insel im Veliko jezero steht das Benediktinerkloster **Sveta Marija**. **Pomena** im Nordwesten ist der Hafenort, den die Ausflugsschiffe anfahren. Das Inselinnere kann man auf einem 12 km langen Rundweg erwandern.

Info
Nacionalni park Mljet
- Pristanište 2 | 20226 Govedjari
  Tel. 020/74 40 41 | www.np-mljet.hr

Hotel
Hotel Odisej €€
Großes, modernes, gut ausgestattetes Haus am Hafen.
- 20226 Pomena | Tel. 020/36 21 11
  www.adriaticluxuryhotels.com

Auf die Elaphiten 21 [G6]
Die Elaphitischen Inseln sind kleine grüne Oasen im Meer nordwestlich von Dubrovnik. Schon die Römer liebten die fruchtbaren Eilande, später ließen Handelsherren, Rektoren und Kapitäne von Ragusa hier ihre Villen erbauen. Heute sind die vegetationsreichen Inseln mit ihren hübschen kleinen Badebuchten etwas isoliert; nur viermal am Tag kommt die Fähre in der Hochsaison, deshalb sollte man den Besuch genau planen › **S. 108**.

Koločep
Die kleinste der drei Elaphiten ist ideal für ruhige oder sportliche Ferien. Unterkunft bietet das Kalamota Island Resort (20221 Donje Celo bb, Tel. 020/31 21 50, www.kalamotaislandresort.com, €€), den Sport der Adventure-Veranstalter Huck Finn › **S. 32**, der tolle Seekajaktouren im Programm hat.

Süddalmatien Ausflüge von Dubrovnik Karte S. 106

Lopud

Lopud ist ein dicht bewaldetes Eiland mit kleinem Inselberg, den Überresten eines **Franziskanerklosters** und einem herrlichen **Sandstrand** auf der dem Hafen gegenüberliegenden Inselseite. Etwa 20 Min. braucht man für den Fußweg zum Strand. **50 Dinge** ⑤ › **S. 12**.

Hotel
Villa Vilina €€€
❗ Elegantes, familiäres Hotel am Hafen; mit Pool; dazu einige Apartments.
- Obala Ivana Kuljevana 5 | 20222 Lopud
  Tel. 020/75 93 33
  www.villa-vilina.hr

Šipan

Besuchenswert ist diese Elaphiten-Insel wegen der beiden an Ritterburgen erinnernden Villen am Hafen von **Suđurađ**, die im 17. Jh. zwei Kapitänen gehörten (nur für Gruppen zugänglich).

Der zweite Hafen, **Luka Šipanska**, liegt etwa 3 km von Suđurađ entfernt. Der Inselbus durchquert von hier aus die Insel und lässt seine Passagiere an der malerischen Bucht von Šipanska aussteigen.

Hotel
Hotel Šipan €€
Gemütliche renovierte Zimmer in einer umgebauten Fischfabrik.
- 20223 Luka Šipanska
  Tel. 020/36 19 01 | www.hotel-sipan.hr

Restaurant
Konoba kod Marka €€€
Beste Landesküche aus frischen Zutaten, am Meer; besser reservieren!
- 20223 Luka Šipanska | Tel. 020/75 80 07

Die berühmte Festung Veliki Tabor

SEITENBLICK

Nach Montenegro: Kotor ⭐

Das zum UNESCO-Welkulturerbe zählende Städtchen Kotor liegt an einer fjordartigen Bucht mit schmalem Durchgang zum Meer. Eingerahmt von den südlichen Ausläufern des Dinarischen Gebirges, die hier bis zu 1749 m Höhe erreichen, bieten Bucht und Ort ein einzigartiges, malerisches Landschaftsbild. Kotor ist eine römische Gründung (3. Jh.) und wird von eindrucksvollen, zwischen 9. und 19. Jh. erbauten Wehrmauern bewacht. In der Altstadt erwartet den Besucher ein charmantes Netz von Gassen, Gässchen und Plätzen rund um die 1166 gegründete und sich heute barock präsentierende Kathedrale Sveti Tripun mit romanischem Kirchenraum. Lohnenswert ist auch eine Bootsfahrt vom Hafenort Perast am Nordufer der Bucht zur Friedhofsinsel Sveti Djordje und zur Insel Gospa Skrpjel, deren barocke Kirche Seeleuten seit Jahrhunderten als Wallfahrtsort dient.

Info: Von Dubrovnik aus fährt man auf guten Straßen 90 km nach Süden bis Kotor; für den Grenzübertritt ist ein Reisepass erforderlich. Auskünfte erteilt das montenegrinische Fremdenverkehrsamt: National Tourism Organisation of Montenegro, Marka Miljanova 17, 81000 Podgorica, Montenegro,
Tel: 00382/077. 100. 001 sowie unter www.montenegro.travel.

MITTEL-KROATIEN

Kleine Inspiration

- **Durch Zagrebs Kneipenstraße Tkalčićeva bummeln** und ein Päuschen in einem der Cafés machen › S. 136, › S. 142
- **Einen wunderbaren Blick bis nach Slowenien genießen** von der Festung Veliki Tabor im Zagorje › S. 143
- **Im Spätsommer Heurigen trinken** bei den Winzern im Barockstädtchen Samobor › S. 143
- **Titos Geburtshaus in Kumrovec besuchen,** heute Teil eines interessanten Freilichtmuseums › S. 143
- **Sich in die Geburtsstunde der Naiven Kunst zurückversetzen lassen** in den Ateliers des Künstlerdorfes Hlebine › S. 145

Mittelkroatien Tour 8 | 9

Karte
S. 133

Neue Entdeckungen: Barocke Klöster und klassizistische Paläste verleihen der kroatischen Hauptstadt Zagreb den Glanz alt-österreichischer Städte. Nette Ausflugslokale und barocke Städtchen locken ins Umland.

Die Habsburger und die Bedrohung durch das Osmanische Reich drückten der Mitte Kroatiens ihren Stempel auf. Nirgendwo sonst gibt es so viele Burgruinen und mächtige Festungen wie hier. **Zagreb** ist zwar im Kern mittelalterlich, präsentiert sich aber im Habsburger Klassizismus und im Gewand sozialistischer und postsozialistischer Moderne. Die **Medvednica** gleich nördlich und die Gebirgszüge des **Zagorje** sind beliebte Ausflugsziele.

Schöne Städte der Umgebung sind **Karlovac** mit seiner Renaissance-Altstadt sowie das barocke **Varaždin**.

Touren in der Region

 ## Durchs Zagorje nach Varaždin

Route: Zagreb › Marija Bistrica › Gornja Stubica › Krapina › Trakošćan › Lepoglava › Varaždin

Karte: Seite 133
Länge: 1 Tag, 160 km
Praktische Hinweise:
- Die Tour ist mit öffentlichen Verkehrsmitteln nicht machbar; ein eigenes oder gemietetes Fahrzeug ist notwendig.
- Die Klosterkirche in Lepoglava ist nur So vormittags zugänglich.

Tour-Start:

Von **Zagreb** 1 › S. 134 führt die Autobahn in Richtung Varaždin. Nach 20 km verlassen Sie diese in Richtung Sesvete und folgen nun der Landstraße bis Marija Bistrica, einem der bedeutendsten Wallfahrtsorte Kroatiens. Die schwarze Madonna in der Wallfahrtskirche wird seit 350 Jahren verehrt, weil sie mithalf, die Türken zu besiegen.

Dann geht es durchs Stubica-Tal nach Westen bis **Gornja Stubica** 3 › S. 143, dem Ausgangspunkt eines der vielen Bauernaufstände des 16. Jhs. In der Nähe der Stadt Krapina weiter im Norden wurden bei Hušnjakovo Artefakte des »Krapina-Menschen«, einer vor 30 000 Jahren hier lebenden Neandertaler-Gruppe, entdeckt. Die Funde kann man in einem Museum besichtigen (Šetalište Vilibalda Sluge bb, 49 000 Krapina, Sommer tgl. 9–18/19, sonst tgl. außer Mo 9–16/17 Uhr).

Weiter nordwärts durch die Berglandschaft des Zagorje zweigt knapp vor dem Grenzübergang nach Slowenien die Straße nach

Tour 8: Durchs Zagorje nach Varaždin **Mittelkroatien**

Trakošćan ab. Das stille Bergland bildet mit seinen dichten Wäldern, mäandernden Flüsschen und malerischen Weinbergen einen herrlichen landschaftlichen Rahmen für das romantische Schloss Trakošćan aus dem 13. Jh. Die neugotischen Zinnen und Türmchen wurden dem Prachtbau aber erst im 19. Jh. aufgesetzt und zugleich der schöne Park angelegt. Wohnräume, Werkstätten und die Waffenkammer lassen die Ära der großen kroatischen Adelsgeschlechter lebendig werden (42254 Trakošćan, April–Sept. 9–18, Okt.–März 9–16 Uhr).

Lepoglava ist berüchtigt für sein Gefängnis, in dem schon Tito inhaftiert war. Besuchenswert ist es trotzdem, denn die Klosterkirche Sv.

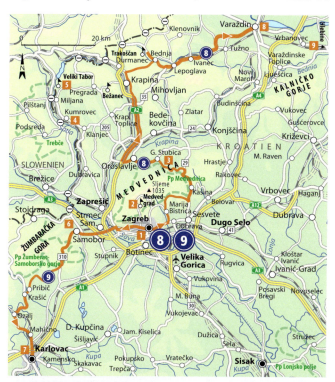

Touren durch Mittelkroatien

Tour 8   Durchs Zagorje nach Varaždin
Zagreb › Marija Bistrica › Gornja Stubica › Krapina › Trakošćan › Lepoglava › Varaždin

Tour 9   Durchs Žumberak nach Karlovac
Zagreb › Jarun-See › Samobor › Pribić › Krašić › Ozalj › Karlovac

Mittelkroatien Tour 9: Durchs Žumberak nach Karlovac

Marija besitzt eine mit wunderbaren Fresken ausgemalte gotische Kapelle.

Das barocke **Varaždin** 8 › S. 144 bildet schließlich den krönenden Abschluss der Tour.

Durchs Žumberak nach Karlovac

Route: Zagreb › Jarun-See › Samobor › Pribić › Krašić › Ozalj › Karlovac

Karte: Seite 133
Länge: 1 Tag, 102 km
Praktische Hinweise:
- Für die Tour benötigen Sie ein eigenes Kfz sowie eine möglichst genaue Karte, um die kleinen Straßen und Dörfer zu finden.

Tour-Start:

Das Žumberak-Gebirge nördlich der Autobahn Zagreb–Karlovac ist eine idyllische, bäuerliche Region mit steilen Hügeln, einsamen Höfen, Weinbergen und Wäldern. Nicht so sehr einzelne Sehenswürdigkeiten, sondern die landschaftliche Schönheit machen diese Tour auf Nebenstraßen interessant. Von Zagreb aus am Jarun-See vorbei geht es nach Westen in den beliebten Ausflugsort **Samobor** 6 › S. 143. Nach einer Pause in einem der Gasthäuser beginnt die Bergtour über die Dörfer Pribić und Krašić nach Ozalj. Der bereits im 13. Jh. erwähnte Ort am Flüsschen Kupa wird von einer mächtigen Burg bewacht. Wenn Sie die Tour gemütlich angehen, unterwegs eigene Entdeckungen machen und einkehren, sind Sie in etwa einem halben Tag in **Karlovac** 7 › S. 144, dessen sehenswertes Renaissancezentrum dann zum Bummeln und Einkehren einlädt.

Verkehrsmittel

In Zagreb verkehren Busse und Straßenbahnen (Fahrpläne: www.zet.hr), Regionalbusverbindungen bestehen von der Hauptstadt in alle größeren Städte. Für Fahrten abseits der Hauptrouten ist ein eigenes Fahrzeug von Vorteil.

Unterwegs in Mittelkroatien

Zagreb 1 ⭐ [D2]

Barocke Klöster und klassizistische Paläste verleihen Zagreb (780 000 Einw.) den Glanz österreichischer Metropolen, wie etwa Wien und Graz, das städtische Leben aber orientiert sich eher am mediterranen Rhythmus von Triest oder Split. Zagreb ist eine Stadt, die mit der Sonne auflebt und sich dann von ihrer schönsten Seite zeigt.

Geschichte

Um das 7. Jh. gründeten südslawische Völker eine Siedlung auf einem

Karte S. 137

Zagreb **Mittelkroatien**

Hügel, deren Gotteshaus in einem Kirchendokument 1094 erstmals erwähnt wird. Daraus entwickelte sich die Bischofsstadt Kaptol, während auf dem Hügel gegenüber die Handwerkersiedlung Gradec, gefördert durch eine Bulle König Belas IV., zu einem freien und wirtschaftlich blühenden Gemeinwesen heranwuchs.

Nach dem Ende der Türkeneinfälle fing man in Gradec an, repräsentativ im Barockstil zu bauen, und 1850 wurden die beiden Städte zu einer neuen Stadt, Zagreb (deutsch Agram), vereint.

Jelačić-Platz und Kaptol-Viertel

Informationsbörse, Marktplatz, Verkehrsknotenpunkt – all dies ist Zagrebs Hauptplatz im Zentrum, der **Trg bana Jelačića** Ⓐ. Namensgeber ist der kroatische König Ban Jelačić, der 1848 die bürgerliche Revolution in Ungarn niederschlug – keine Empfehlung für einen sozialistischen Volkshelden, weshalb das Denkmal auch 1947–1991 in der Versenkung verschwunden war.

Stufen führen hinauf auf den **Dolac** Ⓑ, eine Terrasse, auf der vormittags Zagrebs größter Markt abgehalten wird. Während hier Obst und Gemüse um die Wette leuchten, locken Fisch und Fleisch in den Hallen unterhalb der Terrasse die Käufer an.

Am **Kaptol-Platz** Ⓒ ganz in der Nähe schlägt das Herz des kirchlichen Lebens in Zagreb, dessen Zentrum die **Kathedrale Mariä Himmelfahrt** (Marijina Uznesenja) ist. Nach dem Erdbeben von 1880 wurde sie mit 105 m hohen Zwillingstürmen im neogotischen Stil bestückt, ihre Fundamente aber reichen bis ins Jahr 1094 zurück. Im Kircheninnern verbinden sich Bauformen der Gotik mit neogotischen Elementen aus der Gründerzeit, darunter die von dem Wiener Architekten Hermann Bollé Ende des 19. Jhs. gestalteten bunten Glasfenster. Barockes Prunkstück ist eine Kanzel von 1696, die von einem Engel getragen wird. Ein Relief des Bildhauers Ivan Meštrović schmückt den Sarkophag des 1998 vom Papst seliggesprochenen Bischofs Alozije Stepinac.

Der Graben zwischen Kaptol und Dolac ist heute kein trennendes,

Markt am Dolac

Das Dach der St.-Markus-Kirche zeigt die kroatischen Nationalfarben

sondern ein verbindendes Element der beiden Stadtteile, in dem vor allem abends fröhliches Treiben herrscht. Darüber wacht eine wundertätige Marienstatue im düsteren Durchgang des **Steinernen Tores** (Kamenita vrata) **D**, des einzigen, das von der Stadtmauer von Gradec übrig geblieben ist.

Vom Dolac zwischen den beiden Hügeln nach Norden führt die **Tkalčićeva-Straße** **E**. Sie ist gesäumt von Boutiquen, Cafés und Bars und abends erster Treff der Nachtschwärmer.

In der Oberstadt
Am Markov trg **F**

Mittelpunkt der Oberstadt (Gornji Grad, auch Gradec) ist der Markusplatz mit dem Parlamentsgebäude **Sabor,** dem barocken Banuspalast **Banski Dvor** und der **St.-Markus-Kirche** ★ (Crkva sv. Marka). Das Dach der im frühen 13. Jh. errichteten und später mehrmals umgebauten Kirche ist in den kroatischen Nationalfarben Blau, Weiß und Rot gedeckt und mit zwei Wappen verziert. Der Innenraum zeigt fast unverfälschte romanische Schlichtheit. Wunderbar ist das spätgotische Portal der Kirche mit reichem plastischem Schmuck.

Die Museumsmeile

In den ehemaligen Privaträumen des berühmten kroatischen Bildhauers stellt das **Atelier Meštrović** (Atelje Meštrović) **G** sehenswerte Werke von Ivan Meštrović › **S. 45** aus (Mletačka 8, www.mestrovic.hr, Di–Fr 10–18, Sa/So 10–14 Uhr, Mo geschl.).

Ein Besuch im **Museum der Stadt Zagreb** (Muzej grada Zagreba) **H** ist nicht nur historisch Interessierten zu empfehlen. Von der Hallstatt-Kultur über das mittelalterliche Zagreb und die Erfindung des Füllfederhalters bis hin zur gegenwärtigen kroatischen Comicszene dokumen-

Zagreb **Mittelkroatien**

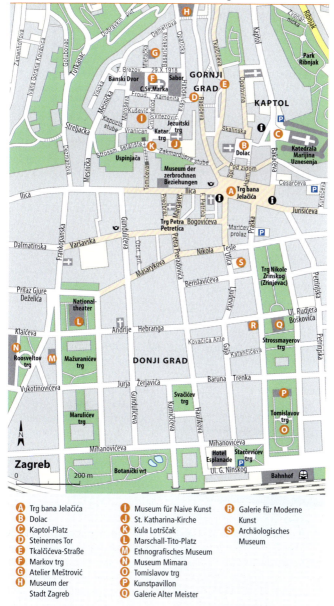

- **A** Trg bana Jelačića
- **B** Dolac
- **C** Kaptol-Platz
- **D** Steinernes Tor
- **E** Tkalčićeva-Straße
- **F** Markov trg
- **G** Atelier Meštrović
- **H** Museum der Stadt Zagreb
- **I** Museum für Naive Kunst
- **J** St. Katharina-Kirche
- **K** Kula Lotršćak
- **L** Marschall-Tito-Platz
- **M** Ethnografisches Museum
- **N** Museum Mimara
- **O** Tomislavov trg
- **P** Kunstpavillon
- **Q** Galerie Alter Meister
- **R** Galerie für Moderne Kunst
- **S** Archäologisches Museum

tieren zahlreiche Exponate wichtige Ereignisse und Epochen des städtischen Lebens (Opatička 20, www.mgz.hr, Di–Fr 10–18, Sa11–19, So 10–14 Uhr).

Naive Kunst in allen Farben und Facetten macht die Ausstellung des **Museums für Naive Kunst** (Hrvatski muzej Naivne Umjetnosti) ❶ zu einem Erlebnis. Präsentiert werden Werke der Künstler aus Hlebine › **S. 45/145** neben Arbeiten anderer namhafter kroatischer Naiver (Ćirilometodska 3, www.hmnu.org, Mo–Sa 10–18, Sa/So 10–13 Uhr).

Am Katarinin trg

Die **St. Katharina-Kirche** (Sv. Katarina) ❶ am Katharinenplatz wartet mit einer Barockorgie in Weiß und Rosé auf: Der Innenraum (1720) ist ein spätbarockes Schmuckstück mit Stuckarbeiten des Italieners Antonio Quadrio. Eine Statue des Ignatius von Loyola aus der Hand von Francesco Robba (1730) ziert die Ignatius-Kapelle.

Das neobarocke Nationaltheater

Auf dem Weg in die Unterstadt, ist der Turm **Kula Lotrščak** ❶ neben dem Steinernen Tor einer der wenigen Überreste der alten Stadtbefestigung. Man kann ihn besteigen und von oben das Panorama genießen (Juni–Sept. 9–21, Okt, Nov., März bis Mai 9–19, Dez.–Feb. 9–17 Uhr).

Von hier führt die Zahnradbahn **Uspinjača** (tgl. 6.30–22 Uhr) in die Unterstadt zur Einkaufsstraße Ilica. Auf dem Fußweg von der Ober- in die Unterstadt lädt das Gasthaus Vallis Aurea zur Rast › **S. 141**.

In der Unterstadt

Die Unterstadt (Donji Grad), die sich am Rande der beiden Hügel Kaptol und Gradec auf rechtwinkligem Grundriss ausbreitet, wird von einer begrünten Anlage dominiert. Das sog. **Grüne Hufeisen** ★ entstand ab 1874 nach Entwürfen des Architekten Milan Lenuci.

Westliche Längsachse

Am **Marschall-Tito-Platz** (Trg Maršala Tita) ❶ ist die architektonische Welt in Ordnung: Neobarock geprägt ist die Fassade des **Nationaltheaters,** das 1894/95 nach Entwürfen der Wiener Theaterarchitekten Helmer und Fellner erbaut wurde.

Der im Süden anschließende Mažuranićev trg wird von der Kuppel des 1903 im Stil der Wiener Sezession errichteten **Ethnografischen Museums** (Etnografski Muzej) ❶ beherrscht. Besonders sehenswert ist hier die Ausstellung kroatischer Trachten, interessant sind auch die Musikinstrumente (www.emz.hr, Di–Fr 10–18, Sa/So 10–13 Uhr).

Zagreb **Mittelkroatien**

Gründerzeitkulisse am großzügig angelegten Tomislav-Platz

Das **Museum Mimara** beherbergt hinter seiner prächtigen Gründerzeitfassade eine vielseitige Kunst- und Kunstgewerbesammlung des Malers Ante Topić Mimara (Rooseveltov trg 5, www.mimara.hr, Okt.–Juni Di, Mi, Fr, Sa 10–17, Do 10–19, So 10–14, Juli–Sept. Di–Fr 10–19, Sa 10–17, So 10–14 Uhr).

Querachse

An Flora Interessierte werden vom **Botanischen Garten** (Botanički vrt) eher enttäuscht sein, da er nicht mit einer exotischen Pflanzenvielfalt aufwartet; wer jedoch im ruhigen Grün Entspannung sucht, sitzt oder liegt hier richtig (Marulićev trg 9a, April–Okt. Mo/Di 9–14.30, Mi bis So 9–19 Uhr).

In cremefarbenem Neoklassizismus präsentiert sich weiter östlich das 1925 errichtete Hotel Esplanade › **S. 140** (Mihanovićeva 1).

Den ästhetischen Höhepunkt der u-förmigen Gesamtanlage bildet der mit akkurat gestutzten Hecken und bunten Blumenbeeten gestaltete **Tomislavov trg**. Auf dem Platz steht das Reiterdenkmal König Tomislavs, der im 10. Jh. über die Kroaten herrschte und nun auf hohem Ross die Reisenden begrüßt, die den neoklassizistischen **Bahnhof** von 1892 verlassen.

Östliche Längsachse

Der von Helmer und Fellner 1896 erbaute, elegante **Kunstpavillon** (Umjetnički paviljon) begrenzt den Tomislavov trg nach Norden. Üppiger Stuck und Marmor im Inneren bilden den Rahmen für wechselnde Kunstausstellungen. Das **Denkmal** vor dem Pavillon zeigt den bekannten Renaissancedichter Andrija Medulić und ist ein Werk von Ivan Meštrović.

An dem ebenfalls begrünten **Strossmayerov trg** hat sich alte und moderne Kunst niedergelassen. Von Ivan Meštrović porträtiert, sitzt Bischof Juraj Strossmayer vor der 1866 gegründeten **Akademie der Künste und Wissenschaften**. Ein Teil des Gründerzeitpalastes beherbergt heute die **Galerie Alter Meister** (Galerija starih majstora) ❶, in deren Besitz sich u.a. Werke von El Greco, Tintoretto, Pieter Brueghel und Delacroix befinden (Zrinski trg 11, http://info.hazu.hr, Di 10–19, Mi bis Fr 10–16, Sa/So 10–13 Uhr). Schräg gegenüber zeigt die **Galerie für Moderne Kunst** (Moderna Galerija) ❷ kroatische Kunst ab 1850 (Andrije Hebranga 1, www.moderna-galerija.hr, Di–Fr 11–19, Sa/So 11–14 Uhr). **Zrinjevac** nennen die Zagreber den Trg Nikole Zrinskog, der das Hufeisen im Nordosten abschließt.

Zum Fundus des **Archäologischen Museums** (Arheološki muzej) ❸ zählen Exponate zur Frühgeschichte Kroatiens, aber auch ägyptische Mumien (Trg Nikole Šubića Zrinskog 19, www.amz.hr, Di/Mi, Fr/Sa 10–18, Do 10–20, So 10–13 Uhr).

Info
Tourist Informazion Center
- Trg bana Jelačića 11 | 10000 Zagreb
  Tel. 01/4 81 40 51 und 4 81 40 52
  www.infozagreb.hr

Verkehr
Flughafen Zagreb-Pleso
Innerkroatische Verbindungen nach Pula, Rijeka, Brač, Split, Zadar, Dubrovnik; Flüge nach Frankfurt/M., München, Wien, Zürich. Ein Taxi von der Stadt zum Flughafen kostet um 270 Kn; günstiger ist der Flughafenbus, der halbstündlich fährt (Fahrpreis einfach 35 Kn).
- Ulica Rudolfa Fizira 1 | 10150 Zagreb, 17 km südöstlich des Zentrums
  Tel. 01/4 56 22 22
  www.zagreb-airport.hr

Hauptbahnhof Glavni kolodvor
Züge nach Rijeka, Split, München, Wien.
- Tomislavov trg 12
  Info Tel. 060/33 34 44 (Sondertarif)
  www.hzpp.hr

Bushahnhof Avtobusni kolodvor
Gute Verbindungen in alle Landesteile.
- Ecke Branimirova und Držićeva
  Info Tel. 060/31 33 33 (Sondertarif)
  www.akz.hr

Hotels
Esplanade €€€
Das klassizistische Prunkstück strahlt in nostalgischem Glanz und bietet nicht nur in den über 200 Zimmern höchsten Komfort, dazu zwei elegante Restaurants sowie eine Bar & Lounge.
- Mihanovićeva 1 | Tel. 01/4 56 66 66
  www.esplanade.hr

Palace €€€
Stilvolles Haus aus der Wende vom 19. zum 20. Jh., mit gut 120 Zimmern, Restaurant und Café mit Terrasse.
- Strossmayerov trg 10
  Tel. 01/4 89 96 00 | www.palace.hr

Jaegerhorn €€
Die ehemalige Pension hat sich ein schickes neues Outfit verordnet. Ruhige und doch zentrale Lage.
- Ilica 14 | Tel. 01/4 83 38 77
  www.hotel-jagerhorn.hr

Karte
S. 137

Zagreb **Mittelkroatien**

Treffpunkt Ulica Tkalčićeva – viele Restaurants und Cafés laden hier zum Verweilen ein

Hostel Swanky Mint €
Zwei Doppel- und zwei Mehrbettzimmer, lässige Stimmung.
- Ilica 50 | Tel. 01/4 00 42 48
  www.swanky-hostel.com

Restaurants
Kaptolska klet €€
Hier werden hervorragende kroatische Grillgerichte serviert. Hübscher Innenhof.
- Kaptol 5 | Tel. 01/4 87 65 02

Okrugljak €€
Beliebtes Ausflugslokal an der Medvednica; die Forelle vom Grill mundet köstlich.
- Mlinovi 28 | Tel. 01/4 67 41 12

Vallis Aurea €€
Das Gasthaus serviert gute slawonische Hausmannskost, z. B. topfengefüllte *štrukli*.
- Tomićeva 4 | Tel. 01/4 83 13 05

Voncimer €€
Das „Wohnzimmer" ist ein schickes Lokal mit internationalen und ukrainischen Spezialitäten.
- Kralja Držislava 3, Tel. 01/7 98 83 74
  http://oris.hr/hr/voncimer

Bistro Lauba €
Berühmt für seine hausgebackenen Brote mit Walnuss oder Chili, dazu Patés.
- Prilaz baruna Filipovića 23a
  Tel. 01/6 30 21 40

Bistro Mitnica €
Mit original bosnischer und serbischer Küche, z. B. toll gewürzten *čevapčići*.
- Črnomerec 37 | Tel. 01/3 77 86 43
  www.labus.hr

Shopping
Galerija Kaptol
Zeitgenössische naive Kunst.
- Kaptol 13 | Tel. 01/4 81 48 16
  www.galerijakaptol.hr

SPECIAL Nachtleben in Zagreb

SPECIAL

Nachtleben in Zagreb

Ein typischer Zagreber Ausgehabend beginnt mit einem Bummel durch die beliebte **Tkalčićeva** oder **Bogovićeva ulica,** wo sich die Straßencafés gegenseitig den Platz auf dem Trottoir streitig machen. Meist treffen die Zagreber hier ihre Freunde, mit denen sie dann durch die Klubs ziehen – die öffnen ihre Pforten nicht vor 22 Uhr und füllen sich ab Mitternacht.

- **Klub Kino Grič**
  Die Loungebar des Kino Grič ist ein neuer, farbenfroher, junger Treff in der Zagreber Bar-Landschaft; an den Wochenenden verwandelt sie sich in einen angesagten Klub.
  Jurišićeva 6 | Mobil-Tel. 098/40 03 06
- **Hemingway Bar**
  In der Hemingway Bar verkehren angeblich die schönsten Mädchen Zagrebs. Hier gibt es sicherlich die besten Mojitos.
  Tuškanac 1 | Tel. 01/4 83 49 58
  www.hemingway.hr
- **Aquarius**
  Nach wie vor erste Wahl – von Techno und Hip-Hop bis Funk und Salsa wird für jeden etwas geboten.
  Alea Matije Ljubeka | Tel. 01/3 64 02 31
  www.aquarius.hr
- **Močvara**
  In einer ehemaligen Fabrik wurde Zagrebs wichtigstes alternatives Klub- und Kulturzentrum wiedereröffnet.
  Trnjanski nasip bb | Tel. 01/6 15 96 68
  www.mochvara.hr
- **Mojo Bar**
  Backsteinwände, Schwarz-Weiß-Fotografien und eine Riesenauswahl an Wein und *rakija* für den Einstieg ins Nachtleben. Manchmal Livemusik.
  Martićeva 5
  Mobil-Tel. 091/5 26 67 33
- **Bacchus Jazz Bar**
  Seit der Schließung des legendären BP Klub die beste Adresse für Jazz und Blues in Zagreb.
  Trg kralja Tomislava 16
  Mobil-Tel. 098/32 28 04

Ausflüge von Zagreb

Medvedgrad 2 [D1]
An Wochenenden ziehen die Zagreber mit Kind und Kegel auf den Stadtberg **Medvednica** (1035 m) mit der Festung Medvedgrad. In ihr ist eine pompöse Gedenkstätte als Symbol der kroatischen Unabhängigkeit eingerichtet.

Gornja Stubica 3 [D1]
Der Ort besitzt eine angeblich über 400 Jahre alte Linde, unter deren Krone Matija Gubec das Signal für den Bauernaufstand 1573 gegeben haben soll. Im Barockschloss Orsić erinnert ein **Museum** (Muzej seljačkih buna) an die Aufstände (Samci 64, 49245 Gornja Stubica, Sommer tgl. 9–19, Winter Di–So 9–17 Uhr).

Kumrovec 4 [C1]
Das Dörfchen ist in zweifacher Hinsicht einen Ausflug wert: Es hat einen sehr prominenten Sohn, Josip Broz, besser bekannt unter seinem Partisanennamen Tito. Und weil Tito 1892 in Kumrovec geboren wurde, hat man sein Haus unter Denkmalschutz gestellt und drumherum ein Museumsdorf errichtet. Hier kann man die Bauernarchitektur des Zagorje studieren. Die Bauernhäuser sind in warmen Pastellfarben gestrichen, ihre Dächer mit Schindeln oder Stroh gedeckt. Im Inneren kann man die Werkstatt eines Webers und eines Schnitzers besichtigen, in einem Haus ist sogar eine komplette Hochzeitsgesellschaft zu bewundern. Der Mittelpunkt ist jedoch **Titos Geburtshaus** (Muzej staroselo), das sein Leben dokumentiert (49295 Kumrovec, Tel. 049/22 58 03, www.mdc.hr, April–Sept. tgl. 9–19, Okt.–März tgl. 9–16 Uhr).

Veliki Tabor 5 ★ [C1]
Die Burg zählt zu den eindrucksvollsten Festungsanlagen Kroatiens. Im 12. Jh. von den slowenischen Grafen von Cilli gegründet, wurde sie im 16. Jh. im Renaissancestil umgebaut. Unter den Arkaden des Innenhofes kann man ein Sammelsurium von Waffen und Hausrat aus dem Mittelalter besichtigen (Košnički Hum 1, 49216 Desinić, Tel. 049/37 49 70, www.veliki-tabor.hr, Sommer Di–Fr 9–17, Sa, So 9–19, Winter 9–16, Sa/So 9–17 Uhr).

Restaurant
Grešna Gorica €€
Etwa 1 km östlich von Veliki Tabor liegt die so urige wie beliebte Ausflugsgaststätte. Sie offeriert in rustikalem Ambiente und auf der schönen Terrasse mit Burgblick Spezialitäten aus dem Zagorje, darunter Puter mit *mlinzi*, Rehgulasch und natürlich *štrukli*.
- 49216 Desinić | Tel. 049/34 30 01 www.gresna-gorica.com

Samobor 6 [C2]
Nach Samobor geht es im Herbst zum Heurigen. Das Städtchen ist umgeben von Weinbergen und liegt am Fuß der Žumbarek-Berge, in denen die Zagreber am Wochenende gerne wandern.

Nach der Weinlese öffnen Winzer und Bauern ihre Häuser zur Verkostung des jungen Tropfens (Heurigen); oft werden dazu Schmalzbrote, Bauernwürste oder Schinken gereicht.

Restaurant

Samoborski slapovi €€
In dem Ausflugsrestaurant mit eigenem Fischteich kommen frische Forellen, Geflügel, Gerichte vom Holzkohlengrill und *štrukli* auf den Tisch.
- Hamor 16 | 10430 Samobor
  Mobil-Tel. 092/3 20 03 13

Karlovac 7 [C2]

Wenn auch die moderne Peripherie der Stadt auf den ersten Blick enttäuscht, ist das 54 km von Zagreb entfernte Karlovac (60 000 Einw., www.karlovac-touristinfo.hr) eine durchaus sehenswerte Stadt mit einem eigenwilligen Grundriss: 1579 wurde es auf Initiative des Erzherzogs Karl II. als Neugründung im Geiste der Renaissance geplant und Karlsburg genannt. Er ließ Karlovac als einen von Wassergräben umgebenen, sechszackigen Stern mit geradlinigem Straßenraster um einen rechteckigen Platz anlegen. Noch heute prägt dieser Stern den Grundriss der **Innenstadt**; die einstigen Wassergräben aber sind vor langer Zeit Parkanlagen gewichen. Karlovac ist ein angenehmer Zwischenstopp auf der Fahrt vom Landesinneren an die Küste. Den Bummel durch die ehemalige Wehranlage, deren geometrisch angelegte Achsen heute von Häusern aus dem 18. und 19. Jh. gesäumt sind, können Sie im **Café Mozart** (Trg Matje Gupca) beschließen. **50 Dinge** ⑩ › S. 13.

Varaždin 8 [D1]

Die schmucke Barockstadt an der Drau (Drava) hatte ihre Blütezeit im 17./18. Jh., als sie als Bollwerk gegen die Osmanen ausgebaut wurde. An der Hauptverbindungsstraße des Königreichs Ungarn zur Adria gelegen, profitierte sie vom Handel und lockte viele Adelsfamilien in ihre Mauern. 1765–1776 war sie sogar kroatische Hauptstadt, bis ein Stadtbrand die kurze Ära beendete. Heute umgibt Varaždin (50 000 Einw.) ein geruhsames Flair, zu dem auch die vielen Radfahrer beitragen.

Der Hauptplatz in Karlovac

Karte S. 133

Varazdin **Mittelkroatien**

Die Altstadt

Am Trg Slobode ist mit **Sv. Nikola** eine der wenigen gotischen Kirchen erhalten, im Inneren wurde sie allerdings barockisiert. Interessant ist das Fresko hinter dem Altar mit der Ansicht Varaždins im 18. Jh. 1873 errichtete der Architekt Hermann Helmer das klassizistische **Theater.**

Die Gundulićeva führt, gesäumt von barocken Kaufmannshäusern, zum Franjevački trg mit der prunkvollen barocken Franziskanerkirche **Sv. Ivana Kristelja.**

Ein paar Schritte in die Pavlinska ulica prunkt ein weiterer Sakralbau im lichten Barock: die **Kathedrale Mariä Himmelfahrt** (Katcdrala Uznesenja Blažene Djevice Marije).

Richtig gemütlich wirkt der Platz **Trg Kralja Tomislava** mit seinen niedrigen, teils mit Barockarkaden geschmückten Häusern und dem 1573 erbauten Rathaus, das ein Uhrturm krönt. Jeden Samstag um 11 Uhr findet vor dem Rathaus eine feierliche Wachablösung in historischen Uniformen statt.

Die Burg Stari Grad

Seit dem 12. Jh. bewacht Stari Grad die Kreuzung der alten Handelsstraßen Budapest–Zagreb und Graz–Belgrad. Die ältesten erhaltenen Bauteile sind die im 14. Jh. erbauten Rundtürme; im 16. Jh. verstärkte der berühmte Festungsbaumeister Domenico dall'Allio die Bastion gegen die Türkengefahr, und als diese gebannt war, diente Stari Grad der Adelsfamilie der Erdödy als Stammschloss. Heute residiert hier das **Stadtmuseum** (Gradski muzej) mit historischen Exponaten (Strossmayerovo šetalište 7, www.gmv.hr, Di–Fr 9–17, Sa/So 9–13 Uhr).

Ein musikalischer Genuss ist das Barockfestival Varaždinski barokni večeri in den letzten beiden Septemberwochen, das in Kirchen und Palazzi stattfindet.

Info
Tourismusverband
- Ivana Padovca 3 | 42000 Varaždin
Tel. 042/21 09 87
www.tourism-varazdin.hr

Hotel
Varaždin €
Freundliches Hotel im Herzen der Altstadt.
- Kolodvorska 19 | Tel. 042/29 07 20
http://hotelvarazdin.com

Restaurant
Verglec €
Das Restaurant in der Altstadt hat sich der lokalen Küche verschrieben. Es gibt Wild, Geflügel und *mlinci*.
- Kranjčevićeva 12 | Tel. 042/21 11 31

Ausflug nach Hlebine 9 [E1]

Das 61 km südöstlich gelegene Dorf gilt als Wiege der berühmten kroatischen Naiven Malerei. Ivan Generalić, ein Gründer der »Schule von Hlebine« › **S. 45**, stammt von hier. Hlebine selbst hat sich mittlerweile vom Bauern- zum Künstlerdorf gewandelt, die **Galerija Hlebine** stellt hier die Werke der Begabtesten aus (Trg. I. Generalića 15, Di–Fr 10–16, Sa nur bis 14 Uhr).

EXTRA-TOUREN

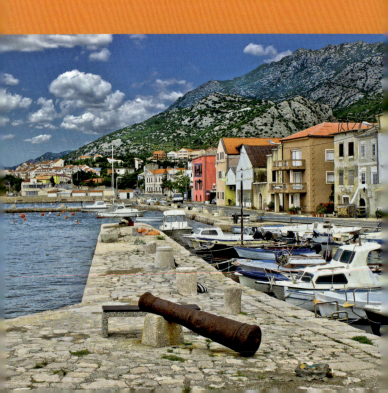

Tour 10: Ziege, Löwe und Adler **Extra-Touren**

Zwei Wochen im Zeichen von Ziege, Löwe und Adler

Verlauf: Rijeka › **Opatija** › **Lovran** › **Brestova (Fähre)** › **Insel Cres** › **Insel Lošinj** › **Insel Krk** › **Insel Rab** › **Insel Pag** › **Zadar** › **Nationalpark Paklenica** › **Nationalpark Plitwitzer Seen** › **Karlobag** › **Senj** › **Rijeka**

Karte: Klappe hinten
Distanzen: Rijeka › **Opatija** › **Lovran** › **Brestova** 45 km/1 Std. mit dem Auto; **Brestova** › **Porozina/Insel Cres** 20 Min. Fähre; **Porozina** › **Cres-Stadt** › **Osor** › **Mali Lošinj** 79 km/1,5 Std.; **Mali Lošinj** › **Merag** 68 km/1 Std.; **Merag** › **Valbiska/Insel Krk** 30 Min. Fähre; **Valbiska** › **Krk-Stadt** 12 km/15 Min.; **Krk-Stadt** › **Valbiska** 12 km/15 Min.; **Valbiska** › **Lopar/Insel Rab** 1 Std. 30 Min. Fähre; **Lopar** › **Mišnjak** 22 km/30 Min.; **Mišnjak** › **Stinica/Festland** 10 Min. Fähre; **Stinica** › **Prizna** 15 km/10 Min.; **Prizna** › **Žigljen/Insel Pag** 15 Min. Fähre; **Žigljen** › **Pag-Stadt** 35 km/40 Min.; **Pag-Stadt** › **Zadar** 70 km/1 Std.; **Zadar** › **Starigrad/ NP Paklenica** 46 km/40 Min.; **Starigrad** › **Nationalpark Plitwitzer Seen** 115 km/1,5 Std.; **Nationalpark Plitwitzer Seen** › **Karlobag** 101 km/1,5 Std.; **Karlobag** › **Senj** 64 km/1 Std.; **Senj** › **Rijeka** 67 km/75 Min.
Verkehrsmittel:
Die Tour unternehmen Sie am besten mit dem eigenen Fahrzeug; öffentliche Verkehrsmittel verkehren selten und nicht auf allen Teilstrecken. Für die Überfahrten mit Autofähren der Jadrolinija sollten Sie in der Hochsaison zeitig vor Abfahrt an der Ablegestelle sein, evtl. ist mit längeren Wartezeiten zu rechnen (Fährlinien- und Fahrpläne unter www.jadrolinija.hr).

Die ersten zwei Tage dieser Tour genießen Sie die nostalgische k.-u.-k.-Riviera mit der lebhaften Hafenstadt **Rijeka** › **S. 66** und den historischen Kurorten **Opatija** › **S. 64** und **Lovran** › **S. 65**, deren klassizistische Villen und Kurhäuser heute luxuriös saniert stilvolle Unterkunft bieten. Wanderfreunde können von Lovran aus in ca. 3–4 Std. den Gipfel des **Vojak** (1396 m) im nahen Naturpark Učka erklimmen.

Dann geht es zum Inselhüpfen zum Hafen Brestova, von wo Sie eine Fähre auf die **Insel Cres** › **S. 68** bringt. Das karge Eiland besitzt eine reizvolle Inselhauptstadt, einsame Strandbuchten wie die unterhalb von Lubenice, nette kleine Hafenörtchen wie Valun und die romantische, nahezu verlassene Renaissancestadt Osor, in der der venezianische Löwe die Jahrhunderte währende Herrschaft der Serenissima über die kroatische Küste und Inseln dokumentiert.

Karlobag ist ein herrlicher Ausgangspunkt für Touren ins Hinterland

Extra-Touren Tour 10: Ziege, Löwe und Adler

Auf schmalen Pfaden zwischen Seen wandeln kann man im Nationalpark Plitwitzer Seen

Eine Brücke führt auf die Nachbarinsel **Lošinj** › **S. 70**, mit dichter Vegetation, Kiefernwäldern und verschwiegenen Badebuchten. Eine Übernachtung sollte man mindestens einplanen, bevor man auf gleichem Weg nach Cres zurück und dort zum Fährhafen Merag fährt.

Krk › **S. 71**, die Insel mit dem unaussprechlichen Namen, ist ein Strandparadies und verdient mindestens zwei Tage Aufenthalt: Ob bei Malinska, Punat, Stara Baška oder am flachen Kiesstrand von Baška – überall finden Sie angenehme Bademöglichkeiten. Fürs kulturelle Erlebnis sorgt die lebhafte und mit architektonischen Schätzen nicht geizende Inselhauptstadt Krk.

Von Valbiska tuckert die Fähre hinüber nach Lopar auf **Rab** › **S. 74**. Hier, wo angeblich die FKK-Kultur erfunden wurde, gibt es richtige Sandstrände. Rab-Stadt ist eine Inselmetropole mit romantischem Flair, in der Sie gut und gerne zwei Nächte verweilen und in urigen Konobas die herzhaften Inselspezialitäten verkosten können.

Die Insel **Pag** › **S. 81** südlich von Rab ist mit dem Auto nur auf einem Umweg übers Festland erreichbar. Inselspezialitäten sind aromatischer Käse und feinste Spitze. Pags Partystrand Zrće bei Novalja gilt im Sommer als einer der heißesten Szenetreffs. Wenn Sie mitfeiern wollen, sollten Sie mindestens zwei Tage bleiben!

Zurück auf dem Festland verdienen Kirchen, Klöster und die Altstadt von **Zadar** › **S. 84** einen zweitägigen Stopp, bevor Sie den Freeclimbern an den Felswänden des **Paklenica-Nationalparks** › **S. 83** Aufmerksamkeit schen-

Klappe hinten Tour 11: Die Höhepunkte Dalmatiens **Extra-Touren**

ken. Zum nächsten Ziel, dem **Nationalpark Plitwitzer Seen** › S. 82, geht es ein Stück landeinwärts. Zwei Tage können Sie hier wandernd, bootfahrend oder einfach die kühle Waldluft und die Farbenspiele von Seen und Wasserfällen genießend verbringen, bevor es zurückgeht nach **Karlobag** und an die Küste. Am Nationalpark Nordvelebit und der Festung von **Senj** › S. 68 fahren Sie nun auf der Küstenstraße nach Norden. Wenn noch Zeit ist, können Sie sich einen Tag am Strand von **Novi Vinodolski** › S. 68 oder **Crikvenica** › S. 67 erholen. Dann ist der Ausgangspunkt erreicht, die Hafenstadt **Rijeka**.

Rijeka – Hafenstadt mit Flair

Die Höhepunkte Dalmatiens in eineinhalb Wochen

Verlauf: Zadar › Šibenik › Krka-Nationalpark › Trogir › Kaštelanska Riviera › Split › Omiš › Makarska Riviera › Neretva-Delta › Halbinsel Pelješac › Insel Korčula › Dubrovnik › (optional) Zadar

Karte: Klappe hinten
Distanzen: Zadar › Šibenik 76 km/1 Std. 15 Min.; Šibenik › Krka-Nationalpark zu Fuß und per Boot; Šibenik › Trogir 55 km/1 Std.; Trogir › Kaštelanska Riviera › Split 31 km/1,5 Std.; Split › Omiš 27 km/30 Min.; Abstecher Cetina-Schlucht 2 Std.; Omiš › Makarska Riviera 33 km/40 Min.; Makarska › Metković/Neretva-Delta 81 km/1,5 Std.; Neretva-Delta › Ston/Halbinsel Pelješac 37 km/40 Min.; Ston › Orebić 33 km/40 Min.; Orebić › Korčula 10 Min., Fähre; Korčula › Blato › Vela Luka › Lumbarda › Korčula 100 km/2 Std.; Korčula › Orebić 10 Min., Fähre; Orebić › Ston 33 km/40 Min.; Ston › Dubrovnik 31 km/40 Min.; optional: Dubrovnik › Zadar 400 km/4 Std.
Verkehrsmittel:
Da Netz und Fahrpläne der öffentlichen Verkehrsmittel sehr dünn sind, wählt man am besten einen Mietwagen (ab Zadar, an Dubrovnik, dann Rückflug). Mit dem eigenen Fahrzeug kommen 400 km Rückfahrt auf der Küstenstraße dazu. Fährüberfahrt mit der Jadrolinija (Fahrpläne: www.jadrolinija.hr).

Nehmen Sie sich für die Route von **Zadar** › S. 84 nach Šibenik Zeit für die immer neuen Ausblicke: Inseln und Felsrücken dümpeln in der türkisblauen Adria, manche mit Macchia und einigen Bäumen bewachsen, andere völlig kahl. Das **Kornaten-Archipel** › S. 90 ist Nationalpark und ein Traumrevier für Freizeitkapitäne und Taucher.

Šibenik › S. 91 zählt zum UNESCO-Kulturerbe, in der historischen Stadt sollte man zwei Übernachtungen einplanen. Der erste Tag gehört den Architektur- und Kunstschätzen wie der prunkvollen Renaissancekathedrale des hl. Jakob, der zweite dem Naturerlebnis: Im nahen **Krka-Nationalpark** › S. 93 kann man Seen und Wasserfälle schön per pedes und Boot erkunden.

Auch **Trogir** › S. 93, der nächste Halt an der Adria-Magistrale und ebenfalls UNESCO-geadelt, besitzt eine imposante Kathedrale, deren gotisches Portal als Meisterwerk der Steinmetzkunst gilt. Dann führt die Tour an der Kaštela-Bucht entlang in Richtung Split, vorbei an kleinen Orten, die um wehrhafte Kastelle entstanden sind. Diese **Kaštelanska Riviera** › S. 100 war um die Wende vom 19. zum 20. Jh. ein mondänes Badeziel der mitteleuropäischen Hautevolee.

Split › S. 95, dessen Altstadt sich ebenfalls im UNESCO-Weltkulturerbe einreiht, ist lebendige römische Geschichte, mittelalterliche Handelsstadt und moderne Hafenmetropole – Grund genug, hier zwei Tage einzuplanen. Bummeln Sie durch den Diokletian-Palast, gehen Sie shoppen auf dem Wochenmarkt, genießen Sie raffinierte mediterrane Küche und das schicke Nachtleben einer Großstadt!

Bootstouren führen durch das Neretva-Delta, Anbaugebiet von Obst und Gemüse

Klappe hinten — Tour 11: Die Höhepunkte Dalmatiens **Extra-Touren**

Hinter Omiš erhebt sich eindrucksvoll das Mosor-Gebirge

Das romantische Städtchen **Omiš** › S. 110 schmiegt sich zwischen Fels und Meer an die Mündung des Flusses Cetina. Viele Besucher unternehmen eine Raftingtour durch die Cetina-Schlucht › S. 111.

Wenn noch Zeit ist, können Sie am gleichen Tag nach **Makarska** › S. 113 weiterfahren und in einem der komfortablen Strandhotels absteigen. Die Riviera hier ist dank des milden Klimas und der flachen Kiesstrände eine beliebte Ferienregion.

Am folgenden Tag fahren Sie durch das fruchtbare **Neretva-Delta** › S. 116 und über **Ston** › S. 117 auf die Wein-Halbinsel **Pelješac** › S. 117 und setzen von Orebić › S. 118 nach **Korčula** › S. 119 über. Auf der hübschen, üppig bewaldeten Insel mit stillen Buchten und wehrhaften Städtchen sollte man mindestens eine Nacht verbringen. Auf gleichem Weg geht es über Pelješac zurück und auf der Magistrale nach Süden.

Finaler Höhepunkt ist **Dubrovnik** › S. 122, die UNESCO-Perle der Adria. Architektur, Kunst, Lifestyle, Baden und Feiern – alles ist in den historischen Mauern und im Badevorort Babin Kuk geboten.

Wer mit dem eigenen Fahrzeug reist, fährt zum Abschluss über E 65 (bis Ploce) und die Autobahn A1 in einem Rutsch in rund 4 Stunden zum Startpunkt der Tour, Zadar. Wer davor noch einen Abstecher an die montenegrinische Bucht von **Kotor** › S. 130 unternehmen möchte, sollte zwei weitere Reisetage einplanen.

Die Adria-Magistrale gilt als eine der Traumstraßen Europas, allerdings auch als unfallgefährlich. Vorsichtige, defensive Fahrweise ist angeraten, bei nassem Belag besteht erhebliche Schleudergefahr, und wenn der Fallwind Bora stürmt, sollten zumindest Motorradfahrer, möglichst aber auch die anderen Verkehrsteilnehmer, auf die Fahrt verzichten.

Infos von A–Z

Ärztliche Versorgung
Die medizinische Versorgung in Kroatien entspricht mitteleuropäischem Standard. Städte verfügen in der Regel über ein Krankenhaus *(bolnica)*, kleinere Ortschaften zumindest über eine ambulante Erstversorgung. Apotheken *(apoteka)* sind meist von 7 bis 19 Uhr geöffnet. Bei der Suche nach einem Arzt *(doktor)* helfen Hotelmitarbeiter oder die Wirtsleute. Der Abschluss einer Auslandsversicherung, die zumindest einen medizinisch notwendigen Rücktransport abdeckt, ist empfehlenswert.

Barrierefreies Reisen
Reisende mit Handicaps finden in vielen Hotelanlagen behindertengerechte Einrichtungen; das vom Fremdenverkehrsamt herausgegebene Hotelverzeichnis weist auf diese Häuser hin. Allerdings schränken felsige und steinige Strände den Meereszugang oft ein.

Diplomatische Vertretungen
- **Deutsche Botschaft**
  Ulica grada Vukovara 64,
  10000 Zagreb,
  Tel. 01/6 30 01 00
  www.zagreb.diplo.de
- **Österreichische Botschaft**
  Radnička c. 80, 10000 Zagreb,
  Tel. 01/4 88 10 50
  www.aussenministerium.at/agram
- **Schweizerische Botschaft**
  Bogovićeva 3, 10000 Zagreb,
  Tel. 01/4 87 88 00
  www.eda.admin.ch/zagreb

Einreise
Reisende aus Deutschland, Österreich und der Schweiz benötigen bei einem Aufenthalt von bis zu drei Monaten einen noch mindestens 30 Tage gültigen Personalausweis bzw. Identitätskarte. Für Kinder bis 13 Jahren ist ein Kinderausweis mit Lichtbild erforderlich.

Für Autofahrer sind Führerschein und Fahrzeugschein obligatorisch. Die Mitnahme der Internationalen Grünen Versicherungskarte wird empfohlen, sie erleichtert bei Unfällen die Abwicklung.

Elektrizität
Die Netzspannung beträgt 220 Volt (50 Hertz Wechselstrom). Adapter sind nicht notwendig.

Feiertage
- 1. Januar (Neujahr)
- 6. Januar (Hl. Drei Könige)
- Ostermontag
- 1. Mai (Tag der Arbeit)
- Fronleichnam
- 22. Juni (Jahrestag des antifaschistischen Kampfes)
- 25. Juni (Staatsfeiertag)
- 5. August (Tag des Sieges)
- 15. August (Mariä Himmelfahrt)
- 8. Oktober (Unabhängigkeitstag)
- 1. November (Allerheiligen)
- 25./26. Dezember (Weihnachten).

Geld und Währung
Offizielle kroatische Währung ist die Kuna (HRK). Eine Kuna unterteilt sich in 100 Lipa (Lp). Diese Münzen sind im Wert von 10, 20 und 50 Lipa sowie von 1, 2 und 5 Kuna im Umlauf. Banknoten gibt es im Wert von 5, 10, 20, 50, 100, 200, 500 und 1000 Kuna.

Bei der Ein- und Ausreise darf man ausländische Zahlungsmittel in beliebiger Höhe mitnehmen, muss aber Geld ab dem Gegenwert von 10 000 € dem Zoll melden. Der Umtausch vor Ort ist meist günstiger als im Heimatland. **Wechselkurse** (Stand: Nov. 2016):

Infos von A–Z

1 € = 7,51 Kuna, 1 CHF = 7,03 Kuna, 10 Kuna = 1,33 €, 10 Kuna = 1,42 CHF.

Vielerorts kann man auch problemlos mit Euro bezahlen, vieles ist in Euro ausgepreist. Die meisten Hotels, Geschäfte etc. akzeptieren gängige Kreditkarten. In den Städten erhält man mit der Bankkarte (Maestro) Bargeld an Geldautomaten. Beim Verlassen Kroatiens kann man Kuna unter Vorlage der Wechselbestätigung zurücktauschen.

Haustiere
Für Hunde und Katzen muss ein EU-Heimtierausweis mit tierärztlichem Gesundheitszeugnis vorgelegt werden, das maximal vier Monate alt sein darf.

Information
Kroatische Zentrale für Tourismus
- Stephanstr. 13, 60311 **Frankfurt/M.**, Tel. 069/2 38 53 50
  http://de.croatia.hr
- Sonnenstr. 8, 80331 **München** Tel. 089/22 33 44
  http://de.croatia.hr
- Liechtensteinstr. 22 a, 1090 **Wien**, Tel. 01/5 85 38 84
  http://at.croatia.hr

Die genannten Büros bearbeiten auch Anfragen aus der Schweiz.

In Kroatien erteilen die lokalen Touristikverbände (Turistićka zajednica, TZG bzw. TZO) und deren Informationsbüro (Turist Info oder Tourist Information Office*)* Auskünfte.

Viele der Fremdenverkehrsverbände sind mit einer eigenen Homepage im Internet vertreten (Links: www.croatia.hr unter »Reiseziele«).

Maßeinheiten
In Kroatien gilt das metrische System. Speisen und Getränke in kleineren Mengen werden dezi- und dekaweise verkauft: Ein Dezi *(deci)* Wein ist ein Gläschen mit 0,1 Liter, fünf Deka Käse sind 50 Gramm.

Mietwagen
Alle internationalen Verleihfirmen sind in den Touristenzentren und größeren Städten vertreten; zudem gibt es eine Vielzahl lokaler Anbieter. Über die jeweils günstigsten Tarife informiert die Website www.billiger-mietwagen.de.

Notruf
- Mehrsprachiger **EU-Notruf:** Tel. 112
- **Polizei** *(policija):* Tel. 92
- **Feuerwehr** *(vatrogasci):* Tel. 93
- **Unfallrettung** *(hitna pomoč):* Tel. 94
- **Pannenhilfe HAK** (Hrvatski Auto Klub): Tel. 9 87

Öffnungszeiten
- **Geschäfte** und **Kaufhäuser** haben keine gesetzlich geregelten Öffnungszeiten. Lebensmittelgeschäfte, Metzgereien und Bäckereien sind generell Mo–Sa 7.30–12.30 Uhr und 17–20 Uhr geöffnet, Supermärkte durchgehend von 8–20 Uhr. In Urlaubsorten verlängern viele Ladeninhaber die Öffnungszeiten abends und am Wochenende.
- **Restaurants** in den Feriengebieten sind meist täglich von 11–23 Uhr geöffnet; die wenigsten haben einen Ruhetag oder schließen am Nachmittag.

Urlaubskasse	
Tasse Kaffee	1,50 €
Softdrink	2,20 €
Glas Bier	2,50 €
Burek	3 €
Kugel Eis	1 €
Taxifahrt (pro km)	1,30 €
Mietwagen/Tag	50 €

Infos von A–Z

- **Banken:** Schalterstunden in größeren Städten Mo–Fr 7–19, Sa 7 bis 13 Uhr, in kleineren Ortschaften sind sie über Mittag geschlossen.
- **Museen** sind zumeist Di–Sa 8–18, So 9–15 Uhr geöffnet, wegen der saisonal starken Schwankungen sollten Sie sich vor dem Museumsbesuch bei den Fremdenverkehrsämtern vor Ort nach den aktuellen Öffnungszeiten erkundigen.
- **Postämter** sind Mo–Fr 7–19, Sa 8–13 Uhr geöffnet (in größeren Orten mitunter auch sonntags).

Post und Internet

Briefmarken *(poštanska marka)* werden in Postämtern (HPT), an Zeitungskiosken *(tisak)* und Tabakkiosken *(duhan)* verkauft. Internetcafés gibt es in allen größeren Orten und Touristenzentren. Gäste profitieren in den meisten Cafés und Restaurants von kostenlosem WLAN-Zugang. Das Passwort erfährt man vom Personal oder es ist auf der Rechnung vermerkt. In den meisten touristischen Orten haben Sie im Zentrum kostenlosen WLAN-Zugang.

Rauchverbot

In allen öffentlichen Gebäuden gilt striktes Rauchverbot. Hotels, Restaurants, Cafés dürfen jedoch spezielle Raucherzimmer einrichten.

Sicherheit

Kroatien ist ein sicheres Urlaubsland, doch sollte man die üblichen Vorkehrungen beachten, wie keine Wertgegenstände im Auto oder im Hotelzimmer lassen oder beim Stadtbummel nur Notwendiges an Wert mitnehmen und dies sicher verstauen.

Das Auswärtige Amt warnt wegen immer noch existierender Landminengefahr davor, in den bis zum Sommer 1995 von serbischen Separatisten gehaltenen Gebieten Straßen und Wege zu verlassen. Auch Trümmerareale und leerstehende Gebäude sollten hier auf keinen Fall betreten werden. Detailliertere Informationen dazu erhält man beim Croatian Mine Action Center unter www.hcr.hr (in Englisch).

Telefon und Handy

Am günstigsten telefoniert man von öffentlichen Fernsprechern mit einer Telefonkarte *(telefonska kartica)*, Ferngespräche aus Hotels kosten mindestens das Doppelte.

Roaminggebühren für Handytelefonate fallen ab 2017 weg.

Internationale Vorwahlnummern:

- nach Deutschland 00 49
- nach Österreich 00 43
- in die Schweiz 00 41
- nach Kroatien 0 03 85

Nach der internationalen Kennung folgt die Ortsvorwahl ohne 0 und die Rufnummer. Die **Auskunft** für ganz Kroatien erreicht man unter 988.

Trinkgeld

In der Gastronomie und Hotellerie ist der Service im Preis inbegriffen. Über ein Trinkgeld von etwa 10 % für guten Service freuen sich Bedienungen und Taxifahrer aber selbstverständlich.

Zeit

Kroatien liegt in derselben Zeitzone wie Mitteleuropa. Im Sommer gilt die Sommerzeit (MEZ + 1 Std.).

Zollbestimmungen

Es gelten die Ein- und Ausfuhrbestimmungen innerhalb der EU. Gegenstände des persönlichen Bedarfs, die den Gegenwert von 1000 Kuna übersteigen, müssen deklariert werden. Die Ausfuhr archäologischer Fundstücke ist untersagt.

Register

Aleši, Andrija 45
Architektur 44

Barban 55
Baredine, Höhle 12
Baška 73
Bela IV., König 135
Beram 15, 45, 63
Bildhauerei 44
Biograd na moru 89
Biokovo, Naturpark 105
Biševo, Insel 102
Bol 14, 110
Bootfahren 24, 31
Brač 14
Brač, Insel 109
Brela 112
Brijuni, Nationalpark 62
Buje 58
Buzet 55

Cavtat 12, 128
Cetina-Schlucht 13, 111
Čilipi 128
Cres, Insel 54, **68**
Cres, Stadt 68
Crikvenica 67
Crni Lug 67

Dalmatinac, Juraj 44, 45
Delfine 70
Diokletian, Kaiser 95
Dubrovnik 13, 15, 16, 104, **122**
- Blasiuskirche 124
- Dominikanerkloster 124
- Franziskanerkloster 123
- Ignatiuskirche 126
- Kathedrale Mariä Himmelfahrt 125
- Pile-Tor 123
- Ploče-Tor 124
- Rektorenpalast 126
- Rupe-Museum 126
- Sponza-Palast 124
- Stadtmauer 124
- Sveti Ivan, Fort 125
Dugi Otok 78

Elaphitische Inseln 108, **129**

Fabrio, Nedjeljko 46
Fährverkehr 28, 29
Fauna 42
Fažana 62
Feste 47
Firentinac, Nikola 44
Flora 42

Generalić, Ivan 45
Geografie 38, 41
Geschichte 40
Goldenes Horn 110
Gornja Stubica 143
Grožnjan 13, 58

Hlebine 45, 145
Hum 63
Hvar, Insel 15, 16, **114**
Hvar, Stadt 114

Jelačić, Ban (König) 135
Jurandvor 73

Kanufahren 32
Karl II., Erzherzog 144
Karst 43
Kaštelanska Riviera 100
Kinder 30
Klettern 32
Koločep, Insel 129
Komiža 102
Korčula, Insel 105, 119
Korčula, Stadt 120
Kornaten, Nationalpark 15, 77, **90**
Kotor (Montenegro) 130
Krka, Nationalpark 12, 93
Krk, Insel 54, **71**
Krk, Stadt 71
Krleža, Miroslav 46
k.-u.-k.-Riviera 53, 64
Kumrovec 143

Labin 64
Lepoglava 133
Limski kanal 60
Literatur 46
Lokrum, Insel 128
Lopar 74
Lopud, Insel 12, 130
Lošinj, Insel 54, **70**
Lovran 65
Lumbarda 121

Makarska 113
Makarska-Riviera 105, **112**
Malerei 44
Mali Lošinj 70
Marija Bistrica 132
Märkte 49
Medvedgrad 143
Meštrović, Ivan 45, 136
Mljet, Nationalpark 128
Motovun 63
Mraz, Franjo 45
Mreznica 13
Murter, Insel **90**
Musik 46

Nazor, Vladimir 46
Neretva-Delta 116
Nin 88
Novalja 82
Novigrad 16, 58
Novi Vinodolski 68

Omiš 110
Opatija **64**

Register

Orebić 118
Osor 69

Pag, Insel 13, 14, 16, 77, **81**
Pag, Stadt 81
Paklenica, Nationalpark 12, 77, **83**
Pašman, Insel 77
Pazin 12, 62
Pelješac, Halbinsel 12, 105, **117**
Plitwitzer Seen, Nationalpark 15, 77, **82**
Ploče 116
Podgora 105, 114
Polo, Marco 121
Poreč 14, **57**, **58**
Potomje 105
Premantura 32, 61
Pula 16, **61**
Punat 72

Rabac 64
Rab, Insel 54, **74**
Rab, Stadt 74
Radfahren 33, 80
Radovan, Meister 44
Rafting 32
Rijeka 13, 15, **66**
Risnjak, Nationalpark 67
Rovinj **59**

Samobor 143
Savudrija 15
Segeln 24, 31
Senj 68
Šenoa, August 46
Shopping 49
Šibenik 14, 91
Šipan, Insel 130
Skradin 93
Smokvica 122
Split 15, 95
• Archäolog. Museum 99
• Cindro-Palast 98
• Diokletian-Palast 96
• Jupitertempel 97

• Kathedrale
  St. Dominus 97
• Papalić-Palast 98
• Peristyl 96
• Seetor 96
• Vestibül 97
Stara Baška 72
Stari Grad (Pharos) 116
Ston 12, 117
Supetar 109

Tanz 46
Tito, Josip Broz 62, 101, 143
Tkalčićeva-Straße 142
Trakoščan, Schloss 133
Trogir 15, 93
Trstenik 105
Tučepi 105

Učka, Naturpark 147
Ugljan, Insel 78
Umag 58
Unterkunft 33

Valun 69
Varaždin 144
Vela Luka 122
Velebit, Gebirge 77
Veliki Tabor 143
Veli Lošinj 70
Verkehrsmittel 28, 29
Vid (Narona) 117
Vis, Insel 101
Vis, Stadt 101
Vodice 91
Vodnjan 55
Volosko 64

Wandern 32, 82, 83, 93
Wassersport 31
Wein 49, 118
Winde 26
Windsurfen 32

Zadar 84
• Archäologisches
  Museum 85

• Chrysogonuskirche 86
• Donatuskirche 86
• Ethnografisches
  Museum 85
• Kathedrale
  St. Anastasia 86
• Landtor 85
• Marienkirche 86
• Römisches Forum 86
• Simeonskirche 85
Zadvarje 111
Zagorje 132
Zagreb 14, 134
• Archäologisches
  Museum 140
• Atelier Meštrović 136
• Botanischer Garten 139
• Dolac 135
• Ethnografisches
  Museum 138
• Galerie Alter Meister 140
• Galerie für Moderne
  Kunst 140
• Grünes Hufeisen 138
• Jelačić-Platz 135
• Kaptol-Platz 135
• Kathedrale Mariä
  Himmelfahrt 135
• Kula Lotrščak 138
• Museum der Stadt
  Zagreb 136
• Museum der zerbrochenen Beziehungen 15
• Museum für Naive
  Kunst 138
• Museum Mimara 139
• Nationaltheater 138
• St. Katharina-Kirche 138
• St. Markuskirche 136
• Tkalčićeva-Straße 136
• Tomislavov trg 139
Zaton 89
Zlatni rat (Goldenes
  Horn) 110
Žminj 55
Žuljana 105
Žumberak, Gebirge 134

Impressum

Bildnachweis
Coverfoto: Brela, Makarska-Riviera, Kroatien © mauritius images/Alamy/Jan Wlodarczyk
Fotos Umschlagrückseite © Huber Images/Johanna Huber (links), Jahreszeitenverlag/Pieter-Pan Rupprecht (Mitte); laif/hemis (rechts)

Alamy/Art Kowalsky: 20; Fotolia/anshar73: 92, 149; Fotolia/Dario Bajurin: 28, 94; Fotolia/Creo77: 8 u; Fotolia/dade72: 17; Fotolia/ Deymos: 131; Fotolia/Dziurek: 13; Fotolia/faber121: 111; Fotolia/Ewald Fröch: 16; Fotolia/Stefano Gasparotto: 93; Fotolia/ilijaa: 73; Fotolia/Tatjana Keisa: 150; Fotolia/Lianem: 41; Fotolia/MaiKai: 29; Fotolia/Metrovic: U2-4; Fotolia/Peray: U2-Klappe; Fotolia/Scirocco: 76; Fotolia/Jenny Sturm: 91; Fotolia/ Aleksandar Todorovic: 61; Fotolia/xbrchx: 81, 89, 116, 144, 146; Ralf Freyer: 24, 25, 43, 46, 59, 65, 71, 99, 112, 113, 115, 117, 119, 129; Rainer Hackenberg: 23, 57, 75, 83, 123, 135, 138, 139, 141; Huber Images/Franco Cogoli: 36; Huber Images/Gräfenhain: 50; Huber Images/Johanna Huber: 6, 101; Huber Images/Kremer: 136; Huber Images/Mehlig: 53; Huber Images/A. Saffo: U2-2; Jahreszeitenverlag/Gerald Hänel: 103; Jahreszeitenverlag/Roland E. Jung: 39; Jahreszeitenverlag/Pieter-Pan Rupprecht: 14; Jahreszeitenverlag/Michael Schinharl: 60; Jahreszeitenverlag/Arthur F. Seilbach: 33, 34, 96, 97, 148; Friedrich Köthe: 8 o, 9 o, 9 u, 10, 45, 85, 120; laif/Michael Amme: 62, 78; laif/Joerg Glaescher: 126; laif/ Hemis: U2-1; laif/Le Figaro Magazine/Martin: 142; laif/Heiko Specht: 67; Sabine von Loeffelholz: 30, 63, 124; LOOK-foto/age fotostock: U2-3; LOOK-foto/Ingolf Pompe: 69; mauritius images/Wolfgang Weinhäupl: 52; Shutterstock/Blazej Lyjak: 31; Shutterstock/Paul Prescott: 109; Wikipedia/CC3.0/Adam Sporka: 35.

Liebe Leserin, lieber Leser,
wir freuen uns, dass Sie sich für diesen POLYGLOTT on tour entschieden haben. Unsere Autorinnen und Autoren sind für Sie unterwegs und recherchieren sehr gründlich, damit Sie mit aktuellen und zuverlässigen Informationen auf Reisen gehen können. Dennoch lassen sich Fehler nie ganz ausschließen. Wir bitten Sie um Verständnis, dass der Verlag dafür keine Haftung übernehmen kann.

Ihre Meinung ist uns wichtig. Bitte schreiben Sie uns:
TRAVEL HOUSE MEDIA GmbH, Redaktion POLYGLOTT, Grillparzerstraße 12, 81675 München, redaktion@polyglott.de, Tel. 0 89/450 00 99 41
www.polyglott.de

1. aktualisierte Auflage 2017

© 2017 TRAVEL HOUSE MEDIA GmbH München
Dieses Buch wurde auf chlorfrei gebleichtem Papier gedruckt.
ISBN 978-3-8464-2024-9

Alle Rechte vorbehalten. Nachdruck, auch auszugsweise, sowie die Verbreitung durch Film, Funk, Fernsehen und Internet, durch fotomechanische Wiedergabe, Tonträger und Datenverarbeitungssysteme jeglicher Art nur mit schriftlicher Genehmigung des Verlages.

Bei Interesse an maßgeschneiderten POLYGLOTT-Produkten:
Verónica Reisenegger
veronica.reisenegger@travel-house-media.de

Bei Interesse an Anzeigen:
KV Kommunalverlag GmbH & Co KG
Tel. 089/928 09 60
info@kommunal-verlag.de

Redaktionsleitung: Grit Müller
Verlagsredaktion: Anne-Katrin Scheiter
Autor: Friedrich Köthe, Maria Pernat (Original)
Redaktion: Elke Sagenschneider
Bildredaktion: Barbara Schmid und Nafsika Mylona
Mini-Dolmetscher: Langenscheidt
Layoutkonzept/Titeldesign: fpm factor product münchen
Karten und Pläne: Theiß Heidolph und Kunth Verlag GmbH & Co. KG
Satz: Tim Schulz, Mainz
Herstellung: Anna Bäumner
Druck und Bindung: Printer Trento, Italien

PEFC/18-31-506

TRAVEL HOUSE MEDIA

Ein Unternehmen der
GANSKE VERLAGSGRUPPE

Mini-Dolmetscher Kroatisch

Allgemeines

Guten Morgen.	Dobro jutro. [**do**bro **ju**tro]
Guten Tag.	Dobar dan. [**do**bar dan]
Guten Abend.	Dobro veče. [**do**bro **wä**tschä]
Hallo!	Zdravo! [**s**drawo]
Wie geht's?	Kako je? [**ka**ko jä]
Danke, gut.	Hvala, dobro. [**chwa**la **do**bro]
Ich heiße ...	Zovem se ... [**so**wäm ßä]
Auf Wiedersehen!	Do viđenja! [do wid**seh**änja]
Morgen	jutro [**ju**tro]
Vormittag	prijepodne [**pri**jäpodnä]
Nachmittag	popodne [**po**podnä]
Abend	veče [**wä**tschär]
Nacht	noć [notsch]
morgen	sutra [ßutra]
heute	danas [**da**nas]
Sprechen Sie Deutsch / Englisch?	Govorite li njemački/engleski? [**go**worità li **njä**matschki / **äng**läski]
Wie bitte?	Molim? [**mo**lim]
Ich verstehe nicht.	Ne razumijem. [nä rasu**mi**jäm]
Sagen Sie es bitte noch einmal.	Recite još jedanput, molim. [**rät**ßite josch **jä**danput **mo**lim]
..., bitte.	..., molim. [**mo**lim]
Danke.	Hvala. [**chwa**la]
Keine Ursache.	Nema na čemu. [**nä**ma na **tschä**mu]
was / wer / welcher	što / kto / koji [schto / kto / **ko**ji]
wo / wohin	gdje / kamo [**gdjä** / **ka**mo]
wie / wie viel	kako / koliko [**ka**ko / **ko**liko]
wann / wie lange	kada / kako dugo [**ka**da / **ka**ko **du**go]
Wie heißt das?	Kako ovo se zove na hrvatskom? [**ka**ko **o**wo ßä **so**wä na **chr**watskom]
Wo ist ...?	Gdje je ...? [**gdjä** jä]
Können Sie mir bitte helfen?	Molim Vas, možete li mi pomoći? [**mo**lim waß **mo**sehäte li mi po**mo**tschi]
ja	da [da]
nein	ne [nä]
Entschuldigen Sie!	Oprostite! [o**pro**stità]
Das macht nichts.	Nema veze. [**nä**ma **wä**sä]

Shopping

Wo kann ich ... kaufen?	Gdje mogu kupiti ...? [**gdjä mo**gu **ku**piti]
Wie viel kostet das?	Koliko košta? [**ko**liko **kosch**ta]
Wo ist eine Bank / Wechselstube?	Gdje je banka / mjenjačnica? [**gdjä** jä **ban**ka / **mjän**jatschnitßa]
Geben Sie mir 100 g Käse / zwei Kilo Orangen.	Dajte mi deset deka sira / dva kila naranča. [**dajt**ä mi **dä**sät **dä**ka **si**ra / dwa **ki**la na**ran**tscha]
Haben Sie deutsche Zeitungen?	Imate li njemačke novine? [i**mat**ä li **njä**matschkä no**winä**]
Wo kann ich telefonieren / elne Telefonkarte kaufen?	Gdje mogu telefonirati / kupiti telefonsku karticu? [**gdjä mo**gu tälä**fo**nirati / **ku**piti tälä**fon**sku **kar**titßu]

Essen und Trinken

Die Speisekarte, bitte.	Jelovnik, molim. [**jä**lownikar **mo**lim]
Brot	kruh [kruch]
Kaffee	kava [**ka**wa]
Tee	čaj [tschaj]
mit Milch / Zucker	s mljekom / sa šećerom [ß **mljä**kom / ßa **schät**schärom]
Orangensaft	sok od naranča [ßok od na**ran**tscha]
Suppe	juha [**ju**cha]
Fisch / Meeresfrüchte	riba / morski plodovi [**ri**ba / **mor**ski **plo**dowi]
Fleisch	meso [**mä**ßo]
Geflügel	perad [**pä**rad]
vegetarische Gerichte	vegetarijanska jela [wägätari**jan**ska **jä**la]
Eier	jaja [**ja**ja]
Salat	salata [ßa**la**ta]
Dessert	desert [**dä**ßärt]
Obst	voće [**wotsch**ä]
Eis	sladoled [ßlado**läd**]
Wein	vino [**wi**no]
weiß / rot / rosé	bijelo / crno / ružica [**bi**jälo / **tsr**no / **ru**sehitßa]
Bier	pivo [**pi**wo]
Wasser	voda [**wo**da]
Mineralwasser	mineralna voda [minä**ral**na **wo**da]
mit / ohne Kohlensäure	sa ugljičnom kiselinom / bez ugljične kiseline [ßa **uglj**itschnom **ki**ßälinom / bäs **uglj**itschnä **ki**ßälinä]
Limonade	limunada [limu**na**da]

Meine Entdeckungen

Clevere Kombination mit POLYGLOTT Stickern
Einfach Ihre eigenen Entdeckungen mit Stickern von 1–16 in der Karte markieren und hier eintragen. Teilen Sie Ihre Entdeckungen auf facebook.com/polyglott1.

Checkliste Kroatien
Nur da gewesen oder schon entdeckt?

☐ **Istrien Underground**
Die märchenhaft schöne Tropfsteinhöhle Baredine bei Poreč ist nicht nur die Heimat des blinden Grottenmolchs, sondern auch die perfekte Adresse für kleine und große Höhlenfans. › **S. 12**

☐ **Auf den Spuren von Winnetou und Old Shatterhand**
Durch eine atemberaubende Landschaft voller Schluchten und bizarrer Höhlen führt die Wanderung im Paklenica-Nationalpark, Kulisse für die legendären Winnetou-Verfilmungen. › **S. 83**

☐ **Konzert aus Wind und Wellen**
Die »Meeresorgel« an der Promenade von Zadar erzeugt je nach Höhe des Wellengangs ganz unterschiedliche Töne. › **S. 87**

☐ **Baden am Wasserfall**
Erfrischend und ein ganz besonderes Erlebnis ist das Bad direkt unterhalb des tosenden Wasserfalls Skradinski Buk an den Krka-Wasserfällen. › **S. 93**

☐ **Das letzte Paradies für Wölfe und Braunbären**
Herrliche Wanderungen lassen sich im Risnjak-Nationalpark mit seinen weiten, undurchdringlichen Wäldern unternehmen, bis heute Heimat von Bären und Wölfen, die man aber nicht zu Gesicht bekommt. › **S. 67**

☐ **Auf dem Fischmarkt**
Laut, bunt, authentisch: So präsentiert sich Splits Fisch- und Markthalle, ein Erlebnis. › **S. 98**

☐ **Spargel, Trüffel, Ei**
Ein kulinarischer Höhenflug: Die fritaja ist ein Rührei aus wildem Spargel, gewürzt mit schwarzem Trüffel. › **S. 13**

Mitbringsel für Daheim
Feinstes Bio-Olivenöl: Bei Natura Rab wird es hübsch verpackt. › **S. 75**
Dalmatinische Weine: Korčulas Winzer bieten vollendete Spitzenweine. › **S. 118**